CENTURY

21世纪普通高等院校系列规划教材

会计学基础模拟实验教程

Kuaijixue Jichu Moni Shiyan Jiaocheng

（第三版）

主　编　陈容　王丹

西南财经大学出版社
中国·成都

图书在版编目(CIP)数据

会计学基础模拟实验教程/陈容,王丹主编．—3版.—成都:西南财经大学出版社,2019.9
ISBN 978-7-5504-0716-9

Ⅰ.①会… Ⅱ.①陈…②王… Ⅲ.①会计学—教材 Ⅳ.①F230

中国版本图书馆CIP数据核字(2018)第285573号

会计学基础模拟实验教程(第三版)
主　编:陈　容　王　丹

责任编辑:向小英
封面设计:张姗姗
责任印制:朱曼丽

出版发行	西南财经大学出版社(四川省成都市光华村街55号)
网　　址	http://www.bookcj.com
电子邮件	bookcj@foxmail.com
邮政编码	610074
电　　话	028-87353785
照　　排	四川胜翔数码印务设计有限公司
印　　刷	郫县犀浦印刷厂
成品尺寸	185mm×260mm
印　　张	13
字　　数	185千字
版　　次	2019年9月第3版
印　　次	2019年9月第1次印刷
印　　数	1— 2000册
书　　号	ISBN 978-7-5504-0716-9
定　　价	29.80元

21世纪普通高等院校系列规划教材

编　委　会

总 序

为推进中国高等教育事业可持续发展，经国务院批准，教育部、财政部启动实施了“高等学校本科教学质量与教学改革工程”（下面简称“本科质量工程”），《国家中长期教育改革和发展规划纲要（2010—2020）》也强调全面实施“高等学校本科教学质量与教学改革工程”的重要性。这是落实“把高等教育的工作重点放在提高质量上”的战略部署，是在新时期实施的一项意义重大的本科教学改革举措。“本科质量工程”以提高高等学校本科教学质量为目标，以推进改革和实现优质资源共享为手段，按照“分类指导、鼓励特色、重在改革”的原则，对推进课程建设、优化专业结构、改革培养模式、提高培养质量发挥了重要的作用。为满足本科层次经济类、管理类教学改革与发展的需求，培养具有国际视野、批判精神、创新意识和精湛业务能力的高素质应用型和复合型人才，迫切需要普通本科院校经管类学院开展深度合作，加强信息交流。在此背景下，我们协调和组织部分高等院校特别是四川的高校，通过定期召开普通本科院校经济管理学院院长联席会议，就学术前沿、教育教学改革、人才培养、学科建设、师资建设和社会科学研究等方面的问题进行广泛交流、研讨和合作。

为了切实推进“本科质量工程”，2008 年的第一次联席会议将“精品课程、教材建设与资源共享”作为讨论、落实的重点。与会人员对普通本科的教材内容建设问题进行了深入探讨并认为，在高等教育进入大众化教育的新时期，各普通高校使用的教材与其分类人才培养模式脱节，除少数“985”高校定位于培养拔尖创新型和学术型人才外，大多数高校定位于培养复合型和应用型经管人才，而现有的经管类教材存在理论性较深、实践性不强、针对性不够等问题，需要编写一套满足复合型和应用型人才培养要求的高质量的普通本科教材，以促进人才培养和课程体系的合理构建，推动教学内容和教学方法的改革创新，形成指向明确、定位清晰和特色鲜明的课程体系，奋力推进经济管理类高等教育质量的稳步提高。与会人员一致认为，共同打造符合高教改革潮流、深刻把握普通本科教育内涵特征、满足教学需求的系列规划教材，非常必要。鉴于此，本编委会与西南财经大学出版社合作，组织了 30 余所普通本科院校的经济学类、管理学类的学院教师共同编写本系列规划教材。

本系列规划教材编写的指导思想是：在适度的基础知识与理论体系覆盖下，针对普通本科院校学生的特点，夯实基础，强化实训。编写时，一是注重教材的科学性和前沿性，二是注重教材的基础性，三是注重教材的实践性，力争使本系列教材做到“教师易教、学生乐学、方便实用”。

本系列规划教材以立体化、系列化和精品化为特色。一是除纸质教材外，还配备课件、视频、案例、习题等数字化教学资源；二是力争做到“基础课横向广覆盖，专业课纵向成系统”；三是力争把每种教材都打造成精品，让多数教材能成为省级精品课教材、部分教材成为国家级精品课教材。

为了编好本系列教材，我们在西南财经大学出版社的协调下，经过多次磋商和讨论，成立了首届编委会。首届编委会主任委员由西华大学管理学院院长章道云教授担任。2017 年，由于相关学院院长职务变动，编委会的构成也做了相应调整。调整后的编委会由西南财经大学副校长张邦富教授任名誉主任，蒋远胜教授任主任，李成文教授、张华教授、周佩教授、赵鹏程教授、董洪清教授、傅江景教授任副主任，20 余所院校经济管理及相关学院院长或教授任编委会委员。

在编委会的组织、协调下，该系列教材由各院校具有丰富教学经验并有教授或副教授职称的教师担任主编，由各书主编拟订大纲，经编委会审核后再编写。同时，每一种教材均吸收多所院校的教师参加编写，以集众家之长。自 2008 年启动以来，经过近十年的打造，该系列现已出版公共基础、工商管理、财务与会计、旅游管理、电子商务、国际商务、专业实训、金融经济、综合类九大系列近百种教材。该系列教材出版后，社会反响好，师生认可度高。截至 2017 年年底，已有 30 多种图书获评四川省“十二五”规划教材，多个品种成为省级精品课程教材，教材在西南地区甚至全国普通高校的影响力也在不断增强。

当前，中国特色社会主义进入了新时代，我们要建设教育强国，习近平总书记在党的十九大报告中对高等教育提出明确要求，加快一流大学和一流学科（简称“双一流”）建设，实现高等教育内涵式发展。“双一流”建设的核心是提升学校自身的办学水平，关键是提高人才培养质量和学科建设水平，同时办学声誉得到国际社会的认可。为此，高等学校要更新教育思想观念，遵循教育教学规律，坚持内涵式发展，进一步深化本科人才培养模式改革。而教材是体现高校教学内容和方法的知识载体，是高等院校教学中最基本的工具，也是高校人才培养的基础，因此，高校必须加强教材建设。

为适应“双一流”建设的需要，全面提升高校人才培养质量，构建学术型人才和应用型人才分类、通识教育和专业教育结合的培养制度，满足普通本科院校教师和学生需求，需要对已出版的教材进行升级换代。一是结合教学需要对现有教材进行精心打造。具体而言，贯穿厚基础、重双创的理念，突出创新性、应用性、操作性的特色，反映新知识、新技术和新成果的学科前沿；利用数字技术平台，加快数字化教材建设，打造立体化的优质教学资源库，嵌入可供学生自主学习和个性化学习的网络资源模块。二是根据学科发展的需要，不断补充新的教材，特别是规划旅游类、实训类、应用型教材。

我们希望，通过编委会、主编和编写人员及使用教材的师生的共同努力，将此系列教材打造成适应新时期普通本科院校需要的高质量教材。在此，我们对各经济管理学院领导的大力支持、各位作者的智力成果以及西南财经大学出版社员工的辛勤劳动表示衷心的感谢！

21 世纪普通高等院校系列规划教材编委会

2018 年 5 月

第三版前言

2016年5月1日，我国全面推行“营改增”，2017年国务院发布新修订的《中华人民共和国增值税暂行条例》，2019年财政部和国家税务总局又发布通知，对增值税税率进行了调整，同时，2016年以来财政部陆续修订、制定了多项会计准则。为了使《会计学基础模拟实验教程》的内容紧跟时代步伐，及时反映学科的最新进展和税收法规的变化，我们对本教材进行了修订。

本次修订的主要内容有：①根据新的税收法规，对发票格式、税率等进行了较大的调整；②根据修订后的企业会计准则，对部分经济业务和会计科目进行调整；③为方便各学校灵活选择使用本教材，增加了综合实验的经济业务。

本教材自2010年出版第一版以来，已经过去八年的时光，在过去八年里，本教材得到各院校的肯定，发行量持续增长。在此感谢各院校对本教材的建议和支持，也感谢西南财经大学出版社的各位编辑对本教材所做的各项工作。本次修订由陈容、王丹完成。由于编者的水平有限，加之时间紧迫，书中的不妥之处在所难免，恳请读者批评指正。

编者

2019年9月

目 录

第一章 总论

一、会计模拟实验的必要性

会计专业学生不仅要有扎实的理论知识，还要有较强的实践操作能力。以前，会计专业的学生大多依靠到企业、单位去实习来提高其实践能力。多年的实践证明，到企业、单位去实习，结果往往是流于形式，达不到预期的效果。分析其原因，主要有以下几点：一是会计方面的记录，有很强的严肃性和一定的保密性，接受实习生的单位对从未接触过凭证、账册和报表的学生从事这类工作，往往不大放心。二是学生除了书本知识外，无任何工作经验，在实习过程中，事事要实习单位的人带领、教导，既占用了企业财务人员的工作时间，又影响了企业的财务工作流程，企业一般难以接受。三是学生的独立工作、学习能力较弱，自觉性、主动性不强，实习的效果欠佳。这就造成很多学生到实际单位后，动手能力差，不能马上适应实际工作需要。因此，为了深化理论教学改革，提高学生的实践操作能力，缩短学生步入社会的适应期，就有必要在学校建立会计实验室，进行会计模拟实验。事实证明，通过会计模拟实验对学生进行实践能力的培养能取得较好的效果。

二、会计学基础模拟实验的目的

会计学基础模拟实验，主要是通过会计实验室、课堂等场所对学生进行会计核算的模拟实验，学生真实体验会计信息确认、计量、报告的过程。

（一）通过模拟实验，掌握会计操作的基本技能

会计学基础模拟实验的内容丰富，涉及会计凭证的填制和审核、账簿的登记、财产清查、会计报表的编制等各方面。通过实验，学生能理解和掌握会计操作的基本技能。

（二）通过模拟实验，理论与实际相结合，为后续课程的学习打下良好专业基础

会计是一门理论与实践都较强的学科，在理论教学中存在与实际脱节的现象。在模拟实验中，学生在老师的指导下，使用真实的凭证和账簿进行操作，使理论与实际相结合。同时，也使学生加深对理论知识的理解，为后续课程的学习打下良好的基础。

（三）通过模拟实验，培养良好的工作作风和职业道德

通过会计模拟实验，学生能认识会计工作的重要性，熟练掌握相关规范，加强会计专业职业道德教育，引导学生尽职尽责、忠于职守，培养良好职业道德意识，实现

自我监督和自律。

三、会计学基础模拟实验的内容

会计学基础模拟实验的内容包括单项模拟实验和综合模拟实验两部分。

（一）单项模拟实验

单项模拟实验主要包括原始凭证、记账凭证的填制和审核，科目汇总表的编制，日记账、明细账、总账的登记，错账的更正，银行存款余额表的编制，试算平衡表、资产负债表、利润表的编制，会计凭证的装订。

（二）综合模拟实验

综合模拟实验以单项模拟实验为基础，练习会计核算形式，进一步熟悉会计循环的各步骤。

实验的组织运行方式可采用混岗运作方式或分岗运作方式。

1. 混岗运作方式

混岗运作方式，要求每一位参加实验的学生单独完成全部会计模拟实验内容。

2. 分岗运作方式

分岗运作方式，要求对学生分组，在每一组内按照会计机构内部各岗位分工情况进行分岗操作。

四、会计学基础模拟实验的任务

通过会计学基础模拟实验，将理论课所讲的内容与实际操作进行对照，帮助学生弄清模拟实验资料中全部经济业务的会计处理、有关数字的来龙去脉和相互关系，以及完整的核算过程和操作方法，进一步巩固课堂所学的理论知识。

在实验中，为学生配备企业会计部门所用的各种凭证、账簿和报表，学生按要求亲自动手完成各项工作，掌握基本技能，提高实际操作能力，为财务会计及其实验的学习打下良好基础。

五、会计学基础模拟实验的要求

进行会计模拟实验时，一般应遵循下列要求：

（1）完全按照生产企业或实际部门组织会计核算的程序、方法和所使用的凭证、账簿、报表来组织会计模拟实验。

（2）动手操作之前，要弄清每个实验的目的和要求，并对实验基础知识进行认真阅读，以便顺利完成各项模拟实验。

（3）各项实验的基本操作规范要按照《会计基础工作规范》的要求进行。

（4）根据《企业会计准则》及《企业会计准则——应用指南》的规定对企业所发生的各项经济业务进行会计处理。

六、会计学基础模拟实验成绩考核

实验成绩的考核是会计模拟实验系统的重要环节。它是提高实验质量、促进实验过程良性运转的有力保证。实验考核项目包括实验纪律、日常操作情况、实验项目完成情况、实验报告四项。

（一）实验纪律

实验纪律占实验成绩20%，主要考查学生的出勤情况、课堂纪律的遵守情况。

（二）日常操作情况

日常操作情况占实验成绩的20%，由指导老师在日常实验中采取提问、检查等方式，考查学生的实验操作情况及对相关知识的掌握程度，并做好记录，避免学生出现抄袭实验结果等现象。

（三）实验项目完成情况

实验项目完成情况占实验成绩的50%，根据学生上交的会计凭证、账簿、报表等资料进行成绩的评定。评定标准包括：

1．规范性

填制会计凭证、登记账簿、编制会计报表，必须严格按照要求规范。

2．正确性

实验数据正确无误。

3．整洁性

字体书写工整、清楚，出现错误要用正确的方法修改，不可以采取刮、擦、挖、补、涂等方式修改数字。

（四）实验报告

实验报告占实验成绩的10%，由指导老师对实验报告进行批改，根据实验报告判断学生实验效果，并进行成绩的评定。

第二章　会计单项模拟实验

会计单项模拟实验主要包括会计凭证模拟实验和生产经营过程核算的模拟实验两部分。会计凭证模拟实验主要模拟原始凭证和记账凭证的填制与审核；生产经营过程的模拟实验主要模拟制造业企业供应、生产和销售三个环节的核算，在此基础上模拟科目汇总表、登记库存现金和银行存款日记账、登记各种明细账和总账、编制主要会计报表，从而掌握会计循环的基本流程。

会计单项模拟实验是按照会计核算形式所规定的核算步骤进行的。第一步，根据模拟企业实际发生的经济业务，填制和审核原始凭证，然后根据原始凭证编制记账凭证。第二步，根据审核无误的会计凭证分别登记库存现金日记账和银行存款日记账、各种明细账、编制科目汇总表并登记总账，然后在会计期末进行会计账项调整、结转并结账、对账，如果发现账簿记录存在错误，应及时予以更正。第三步，根据有关的分类账簿记录资料编制资产负债表和利润表等主要的会计报表。另外，正式编制会计报表前还应编制试算平衡表进行试算平衡。因此，会计单项模拟实验三个步骤的相互结合便形成会计核算的一个完整体系。

实验一　原始凭证的填制

一、实验目的

通过实验，熟悉原始凭证种类和基本内容，掌握原始凭证的填制方法及传递程序。

二、实验基础知识

原始凭证是在经济业务发生时取得或编制的，载明经济业务具体内容和完成情况的书面证明。它是进行会计核算的原始资料和重要依据。

原始凭证按来源不同，可分为自制原始凭证和外来原始凭证；按填制手续和内容不同，可分为一次凭证、累计凭证和汇总原始凭证。

（一）填制原始凭证的基本要求

原始凭证是具有法律效力的证明文件，是进行会计核算的依据，必须认真填写。一般情况下，由填制人员将各项原始凭证的要素按规定方法填写齐全，办妥签章手续，明确经济责任。

原始凭证的种类繁多，具体填制方法和要求也不一样，但就原始凭证反映的经济业务、明确经济责任而言，原始凭证的填制一般应符合下列要求：

1．记录真实

原始凭证上记载的经济业务，必须与实际情况完全相符，不允许歪曲或弄虚作假，更不能胡乱估计数字。对于实物的数量和金额，都要经过严格的审核。从外单位取得的原始凭证如有遗失，应取得从原签发单位盖有财务专用章的证明，并注明原来凭证的号码，经单位负责人批准后，可代作原始凭证。对确实无法取得证明的，如火车票、轮船票等，可由当事人写明情况，由经办单位负责人批准后，代作原始凭证。

2．内容齐全

原始凭证的内容包括：名称、填制凭证的日期、接受凭证单位名称、经济业务内容、数量、单价和金额、填制凭证单位名称或者填制人姓名、经办人员的签名或者盖章。各种凭证的内容必须逐项填写齐全，不得遗漏。内容不齐备的不能作为经济业务的合法证明，也不能作为有效的会计凭证。为了明确经济责任，原始凭证必须由经办部门和人员签章。

3．手续完备

凡是填有大写或小写金额的原始凭证，大写与小写金额必须相符；购买实物的原始凭证，必须有验收证明；支付款项的原始凭证，必须有收款单位和收款人的收款证明。一式几联的原始凭证，应当注明各联的用途，只能以一联作为登记账簿的依据；一式几联的发票和收据，必须用双面复写纸套写，并连续编号，作废时应加盖“作废”戳记，连同存根一同保存，不得撕毁。发生销货退回时，除填制退货发票外，还应有退货验收证明；退款时，必须取得对方的收款收据或汇款银行的汇出凭证，不得以退货发票代替收据。职工公出借款收据，必须附在记账凭证上，收回借款时，应另开收据或退还借据副本，不得退还借款收据。经有关部门批准办理的某些特殊业务，应将批准的文件作为原始凭证的附件，若批准文件需要单独归档，应在凭证上注明批准机关名称、日期和文件字号。

4．书写规范

原始凭证上的文字或数字，要按规定书写，字迹要清楚、工整、易于辨认。阿拉伯数字应一个一个地写，不得连笔写。阿拉伯金额数字前面应当书写货币币种符号或者货币名称简写。如：采用人民币计价结算时，金额前要冠以人民币符号“￥”。币种符号与阿拉伯金额数字之间不得留有空白。凡阿拉伯数字前写有币种符号的，数字后面不得再写货币单位。所有以“元”为单位的阿拉伯数字，除了表示单价等情况外，一律填写到角分。无角分的，角位和分位可写“00”或符号“－”；有角无分的，分位应写“0”，不得用符号“－”代替。

汉字大写金额，一律用正楷字或行书字体书写，如壹、贰、叁、肆、伍、陆、柒、捌、玖、拾、佰、仟、万、亿、元、角、分、零、整（正）等。不得用0、一、二（两）、三、四、五、六、七、八、九、十、毛、另等字样代替，不得任意自选简化字。

大写金额数字到元或者角为止的，在“元”或者“角”字之后应当写“整”字或者“正”字；大写金额数字有分的，分字后面不写“整”或者“正”字。大写金额数字前未印有货币名称的，应当加填货币名称，货币名称与金额数字之间不得留有空白。

阿拉伯数字金额中间有“0”时，汉字大写金额要写“零”字，如￥501.50，汉字大写金额应写成“人民币伍佰零壹元伍角整”。阿拉伯数字中间连续有几个“0”时，汉字大写金额中可以只写一个“零”字，如￥2 004.56，汉字大写金额应写成“人民币贰仟零肆元伍角陆分”。阿拉伯数字元位是“0”或数字中间连续有几个“0”，但角位不是“0”时，汉字大写金额可只写一个“零”字，也可不写“零”字，如“￥1 340.56”，汉字大写金额写成“人民币壹仟叁佰肆拾元零伍角陆分”，或“人民币壹仟叁佰肆拾元伍角陆分”。

原始凭证记载的各项内容均不得涂改。原始凭证有错误的，应当由出具原始凭证的单位重开或者更正，更正处应当加盖出具单位印章。但提交银行的各种结算凭证上的数字大小写一律不得更改，如果填写错误，应加盖“作废”戳记，重新填写。

（二）常用原始凭证的具体填制要求

1. 支票

支票是出票人签发，委托办理支票存款业务的银行或者其他金融机构在见票时无条件支付确定的金额给收款人或持票人的票据。

支票分为现金支票、转账支票和普通支票。支票上印有“现金”字样的为现金支票，现金支票只能用于支取现金；支票上印有“转账”字样的为转账支票，转账支票只能用于转账；普通支票可以用于支取现金，也可用于转账，在普通支票左上角画两条平行线的划线支票只能用于转账。单位支票结算业务一般由出纳人员办理。

现金支票结算的基本程序：开户单位用现金支票提取现金时，由单位出纳人员签发现金支票并加盖银行预留印鉴后，按骑缝线剪开，持正本到开户银行提取现金，存根留下作为付款依据；用现金支票向外单位或个人支付现金时，由付款单位出纳人员签发现金支票并加盖银行预留印鉴和注明收款人后交收款人，收款人持现金支票到付款单位开户银行提取现金，并按照银行的要求交验相关证件。

转账支票结算的基本程序：由签发人交收款人办理结算，付款人签发转账支票交收款人，加盖银行预留印鉴后，按骑缝线剪开，正本交收款人，存根留下作为付款依据；收款单位财务部门收到支票并审核无误后，填写一式三联“进账单”，连同支票一起送存本单位开户银行；收款人开户银行受理后，经审核无误，在进账单上加盖印章，并将进账单收账通知联退回收款人，作为收款人入账的依据；银行间办理划拨。

支票填制要求：

（1）支票必须用碳素墨水写。

（2）支票正本上的出票日期必须大写；在填写月、日时，月为壹、贰和壹拾的，日为壹至玖和壹拾、贰拾和叁拾的，应在其前加“零”；日为拾壹至拾玖的，应在其前加“壹”。如1月15日，应写成零壹月壹拾伍日。再如10月20日，应写成零壹拾月零贰拾日。

（3）收款人的填写：现金支票收款人可写为本单位名称，此时现金支票背面“被背书人”栏内加盖本单位的财务专用章和法定代表人章，之后收款人可凭现金支票直接到开户银行提取现金（由于有的银行各营业点联网，所以也可到联网营业点取款，具体要看联网覆盖范围而定）；现金支票收款人可写为收款人个人姓名，此时现金支票背面不盖任何章，收款人在现金支票背面填上身份证号码和发证机关名称，凭身份证和现金支票签字领款；转账支票收款人应填写为对方单位名称。转账支票背面本单位不盖章。收款单位取得转账支票后，在支票背面被背书栏内加盖收款单位财务专用章和法定代表人章，填写好银行进账单后连同该支票交给收款单位的开户银行委托银行收款。

（4）付款行名称、出票人账号，即为本单位开户银行名称及银行账号，账号小写。

（5）人民币（大写）：金额采用数字大写写法。

（6）人民币小写：最高金额的前一位空白格用“￥”字填写，数字填写要求完整清楚。

（7）用途：现金支票有一定限制，一般填写“备用金”“差旅费”“工资”“劳务费”等；转账支票没有具体规定，可填写如“货款”“代理费”等。

（8）盖章：支票正面盖财务专用章和法定代表人章，缺一不可，印泥为红色，印章必须清晰，印章模糊只能将本张支票作废，换一张重新填写重新盖章。

（9）常识：支票正面不能有涂改痕迹，否则本支票作废；受票人如果发现支票填写不全，可以补记，但不能涂改；支票的有效期为10天，日期首尾算一天，节假日顺延；支票见票即付，不记名。

丢了支票尤其是现金支票可能就是票面金额数目的钱丢了，银行不承担责任。现金支票一般要素填写齐全，假如支票未被冒领，在开户银行挂失；假如转账支票要素填写齐全，可在开户银行挂失，假如要素填写不齐，可到票据交换中心挂失；现金支票背面有印章盖模糊了，可把模糊印章打叉，重新再盖一次；转账支票背面印章盖模糊了（此时票据法规定是不能以重新盖章方法来补救的），收款单位可带转账支票及银行进账单到出票单位的开户银行去办理收款手续（不用付手续费），俗称“倒打”，这样就用不着到出票单位重新开支票了。

2. 银行进账单

银行进账单是持票人或收款人将票据款项存入收款人所在银行账户的凭证，也是银行将票据款项记入收款人账户的凭证。收款单位财务部门收到支票等票据后，填写一式三联“进账单”，连同票据一起送存本单位开户银行，收款人开户银行受理后，经审核无误，在进账单上加盖印章，并将进账单收账通知联退回收款人，作为收款人入账的依据。

进账单一式三联。第一联为出票人开户银行交给出票人的回单；第二联为收款人开户银行作贷方凭证；第三联为收款人开户银行交给收款人的收账通知。

3. 增值税专用发票

增值税专用发票是增值税一般纳税人销售货物或者提供应税劳务开具的发票，是购买方支付增值税额并可按照增值税有关规定据以抵扣增值税进项税额的凭证。一般纳税人应通过增值税防伪税控系统使用（包括领购、开据、缴销、认证纸制专用发票及其相应的数据电文）专用发票。

专用发票在实际工作中一般有三个联次和六个联次两种，第一联为记账联（用于销货方记账），第二联为抵扣联（用作购买方扣税凭证），第三联为发票联（用于购货方记账），六联次的其他三联为备用联，由企业自行决定，可分别作为企业出门证、检查和仓库留存用等。

专用发票实行最高开票限额管理。最高开票限额，是指单份专用发票开具的销售额合计数不得达到的上限额度。最高开票限额由一般纳税人申请，需填报《最高开票限额申请表》，由税务机关依法审批。

增值税专用发票的开具要求：

（1）项目齐全，与实际相符；

（2）字迹清楚，不得压线、错格；

（3）发票联和抵扣联加盖财务专用章或者发票专用章；

（4）按照增值税纳税义务发生时间开具发票。

4. 普通发票

普通发票是企业销售商品、提供劳务及从事其他经营活动时开具的凭证，是相对于增值税专用发票而言的。普通发票一式两联，第一联为记账联（销货方记账凭证）；第二联为发票联（购货方记账凭证）。开具发票应当按照规定的时限、顺序、栏目，全部联次一次性如实开具，发票开具后应加盖财务专用章或发票专用章。

5. 领料单和发料凭证汇总表

领料单是由领料部门在向仓库领料时，由仓库保管人员填制的凭证。领料单一般为一式三联，第一联为存根联，第二联由仓库用于登记材料保管账，第三联为财会记账联。领料单在填制时采用复写的方法，写明材料名称、数量、金额等信息，并由领料人和发料人签章，便于明确责任。

发料凭证汇总表是由会计人员根据领料单和限额领料单定期编制的，反映企业在一定时期内发料情况，并据以编制记账凭证的一种汇总原始凭证。在发料凭证汇总表上要列示所发材料的种类、金额及用途等信息。

（三）粘贴原始凭证

原始凭证粘贴的规定一般是：在空白原始凭证粘贴单上将原始报账凭证按小票在下、大票在上的要求，从右至左，呈阶梯状依次粘贴；若票据较少，可直接在正式报销单的反面粘贴（原始凭证的正面与报销单的正面同向）；若票据较多，可在多张空白粘贴单上粘贴。将已填写完毕的正式报销单粘贴在已贴好的原始报销凭证的空白报销单上（将左面对齐粘贴）。

（四）更正原始凭证

为了规范原始凭证的内容，明确相关人员的经济责任，防止利用原始凭证进行舞弊，修订后的《中华人民共和国会计法》第十四条第四款增加了对原始凭证错误更正的规定：

（1）原始凭证记载的各项内容均不得涂改，随意涂改原始凭证即为无效凭证，不能作为填制记账凭证或登记会计账簿的依据。

（2）原始凭证所记载的内容有错误的，应当由出具单位重开或者更正，更正工作必须由原始凭证出具单位进行，并在更正处加盖出具单位印章；重新开具原始凭证也应当由原始凭证出具单位进行。

（3）原始凭证金额有错误的不得更正，只能由原始凭证出具单位重开。因为原始凭证上的金额是反映经济业务事项情况的最重要数据，如果允许随便更改，易产生舞弊，不利于保证原始凭证的质量。

（4）原始凭证出具单位应当依法出具准确无误的原始凭证，对于填制有误的原始凭证，负有更正和重新出具的法律义务，不得拒绝。

三、实验资料

新华公司为增值税一般纳税人，增值税税率为13%；所得税税率为25%；本企业的法定盈余公积金提取比例为10%。开户银行：建设银行大河办事处，账号265489111。

2019年4月，该公司发生下列经济业务：

1．2019年4月3日，该公司出纳员李华开出一张2 000元的现金支票，从银行提取现金，以备零用。

中国建设银行
现金支票存根
Ⅵ Ⅱ03335689

附加信息______________

出票日期　　年　月　日

收款人______________
金　额______________
用　途______________

单位主管　　　会计

本支票付款期十天

中国建设银行　　**现金支票**　　Ⅵ Ⅱ03335689

出票日期（大写）　　年　月　日　　开户行名称
签发人账号

收款人：

人民币（大写）	千	百	十	万	千	百	十	元	角	分

用途______________

上列款项请从我账户内支付

签发人盖章　　　出纳　　记账　　复核

注：支票的规格为8×22.5厘米，正联次17厘米（底纹按行别分色，大写金额栏加红水文）。

支票的背面

被背书人	被背书人	被背书人	粘贴单处
背书人签章 年　月　日	背书人签章 年　月　日	背书人签章 年　月　日	
持票人向银行 提示付款签章	身份证名称： 号　码： 发证机关：		

2．2019 年 4 月 5 日，开出转账支票一张，支付前欠环宇公司的货款 100 425. 80 元。

中国建设银行
转账支票存根
Ⅵ Ⅱ02656898
附加信息＿＿＿＿＿＿＿＿

出票日期　　年　月　日

收款人＿＿＿＿＿＿＿＿
金　额＿＿＿＿＿＿＿＿
用　途＿＿＿＿＿＿＿＿

单位主管　　会计

本支票付款期十天

中国建设银行　　**转账支票**　　Ⅵ Ⅱ02656898

出票日期（大写）　　年　月　日　　开户行名称
签发人账号

收款人：

人民币（大写）	千	百	十	万	千	百	十	元	角	分

用途＿＿＿＿＿＿＿＿
上列款项请从我账户内支付

签发人盖章　　出纳　　记账　　复核

注：转账支票背面同现金支票。

3. 2019 年 4 月 6 日，供应科王成去成都采购材料，填制借款单向财务科借款 2 000 元。

借　款　单

年　月　日

<table>
<tr><td>工作单位</td><td>姓名</td><td>借款金额</td><td>批准金额</td><td>备注</td></tr>
<tr><td></td><td></td><td></td><td></td><td rowspan="3"></td></tr>
<tr><td colspan="4">人民币（大写）</td></tr>
<tr><td>借款理由</td><td colspan="3"></td></tr>
</table>

批准人　　审核　　借款人　　经办人

4. 2019 年 4 月 8 日，收到市家电商场（账号：2145698363，开户行：建行十二支行）货款 34 500. 00 元的转账支票一张，填制银行进账单存入该货款。

中国建设银行进账单（收账通知）　3

年　月　日　　第 12 号

<table>
<tr><td rowspan="3">收款人</td><td>全　称</td><td colspan="3"></td><td rowspan="3">付款人</td><td>全　称</td><td colspan="10"></td></tr>
<tr><td>账　号</td><td colspan="3"></td><td>账　号</td><td colspan="10"></td></tr>
<tr><td>开户银行</td><td colspan="3"></td><td>开户银行</td><td colspan="10"></td></tr>
<tr><td colspan="7" rowspan="2">人民币
（大写）</td><td>千</td><td>百</td><td>十</td><td>万</td><td>千</td><td>百</td><td>十</td><td>元</td><td>角</td><td>分</td></tr>
<tr><td></td><td></td><td></td><td></td><td></td><td></td><td></td><td></td><td></td><td></td></tr>
<tr><td colspan="2">票据种类</td><td colspan="3"></td><td colspan="12" rowspan="3">收款人开户银行盖章</td></tr>
<tr><td colspan="2">票据张数</td><td colspan="3"></td></tr>
<tr><td colspan="5">单位主管　　会计　　复核　　记账</td></tr>
</table>

此联是银行交给收款人的收账通知

5. 2019 年 4 月 10 日，出纳员李华将多余的库存现金 2 800 元存入银行，填写现金存款单一张。此款面额 100 元 20 张，面额 50 元 10 张，面额 10 元 30 张。

中国建设银行　　现金交款单（回单）　　①

年　月　日

<table>
<tr><td rowspan="2">收款单位</td><td>全　称</td><td colspan="6"></td><td colspan="4">款项来源</td><td colspan="10"></td></tr>
<tr><td>账　号</td><td colspan="3"></td><td colspan="3">开户银行</td><td colspan="5"></td><td colspan="10"></td></tr>
<tr><td colspan="12" rowspan="2">人民币
（大写）</td><td>千</td><td>百</td><td>十</td><td>万</td><td>千</td><td>百</td><td>十</td><td>元</td><td>角</td><td>分</td></tr>
<tr><td></td><td></td><td></td><td></td><td></td><td></td><td></td><td></td><td></td><td></td></tr>
<tr><td rowspan="2">辅币</td><td>卷别</td><td>伍角</td><td>贰角</td><td>壹角</td><td>伍分</td><td>贰分</td><td>壹分</td><td colspan="14" rowspan="4">（银行盖章）

收款员
复核</td></tr>
<tr><td>张数</td><td></td><td></td><td></td><td></td><td></td><td></td></tr>
<tr><td rowspan="2">主币</td><td>卷别</td><td>壹佰元</td><td>伍拾元</td><td>贰拾元</td><td>壹拾元</td><td>伍元</td><td>贰元</td><td>壹元</td></tr>
<tr><td>张数</td><td></td><td></td><td></td><td></td><td></td><td></td><td></td></tr>
</table>

第一联　由银行盖章后退回单位

6. 2019 年 4 月 11 日，采购员陈红报销差旅费 1 938 元（起至日期 4 月 3 日至 4 月 9 日），火车票 2 张，金额 368 元（攀枝花到成都的往返车票，每张 184 元），市内交通补助每天 30 元，共 210 元，住宿单据 4 张，金额 800 元，公出补助每天 80 元，共 560 元。陈红原借款 2 000 元，余款退回，由出纳员开出收据一张。

差旅费报销单

出差人　　　　　　　　　　　　报 销 日 期：　　年　　月　　日

<table>
<tr><td>出差事由</td><td colspan="10"></td></tr>
<tr><td>时间地点</td><td colspan="10"></td></tr>
<tr><td>项目</td><td>交通补助</td><td>公出补助</td><td>飞机</td><td>轮船</td><td>汽车</td><td>火车</td><td>住宿费</td><td></td><td></td><td>合　计</td></tr>
<tr><td>单据张数</td><td></td><td></td><td></td><td></td><td></td><td></td><td></td><td></td><td></td><td></td></tr>
<tr><td>天数</td><td></td><td></td><td></td><td></td><td></td><td></td><td></td><td></td><td></td><td></td></tr>
<tr><td>标准</td><td></td><td></td><td></td><td></td><td></td><td></td><td></td><td></td><td></td><td></td></tr>
<tr><td>金额</td><td></td><td></td><td></td><td></td><td></td><td></td><td></td><td></td><td></td><td></td></tr>
<tr><td colspan="11">合计人民币（大写）</td></tr>
<tr><td colspan="5">原借款 ¥</td><td colspan="6">除报销上项金额外应缴回（补付）¥</td></tr>
</table>

附件　　张

单位负责人　　　　　　　　审核　　　　　　　　报销人

收　　据

年　月　日

今收到					
人民币（大写）　　　　¥					
事由：			现金：		
			支票：		
收款单位		财务主管		收款人	

报销凭证

7. 2019 年 4 月 30 日，按产品生产工时比例分配制造费用，编制制造费用分配表。本月“制造费用”账户借方发生额为 20 000 元，甲产品的生产 工时为 1 200 小时，乙产品的生产工时为 800 小时。

制造费用分配表

年　月　日

分配对象	分配标准（　　）	分配率	分配金额

主管　　**审核**　　**制表**

8. 2019 年 4 月 30 日，材料核算员根据本月领料凭证编制本月发料凭证汇总表。

领 料 单

领料单位：生产车间

用 途：A 产品　　2019 年 4 月 5 日　　No 23689

材料类别	材料名称及规格	计量单位	数量		单价	金额
			请领	实领		
原料	圆钢 10 毫米	吨	2	2	1 300.00	2 600.00

第二联 记账联

记账：张明　　发料：陈洋　　领料：刘东

领 料 单

领料单位：生产车间

用 途：B 产品　　2019 年 4 月 8 日　　No 23690

材料类别	材料名称及规格	计量单位	数量		单价	金额
			请领	实领		
原料	线材 8 毫米	吨	2	2	4 800.00	9 600.00

第二联 记账联

记账：张明　　发料：陈洋　　领料：张勇

领 料 单

领料单位：生产车间

用　　途：机床维修　　2019 年 4 月 10 日　　No 23691

材料类别	材料名称及规格	计量单位	数量		单价	金额
			请领	实领		
辅助材料	铁皮	平方米	5	5	100.00	500.00

第二联 记账联

记账：张明　　发料：陈洋　　领料：王慧

领 料 单

领料单位：生产车间

用　　途：B 产品　　2019 年 4 月 11 日　　No 23692

材料类别	材料名称及规格	计量单位	数量		单价	金额
			请领	实领		
原料	8 毫米	吨	4	3	4 800.00	14 400.00

第二联 记账联

记账：张明　　发料：陈洋　　领料：张勇

领 料 单

领料单位：生产车间

用　　途：机器修理　　　　2019 年 4 月 11 日　　　　No 23693

材料类别	材料名称及规格	计量单位	数量		单价	金额
			请领	实领		
修理用备件	螺丝	个	20	20	10.00	200.00

第二联 记账联

记账：张明　　　　发料：陈洋　　　　领料：刘东

领 料 单

领料单位：管理部门

用　　途：照明　　　　2019 年 4 月 11 日　　　　No 23694

材料类别	材料名称及规格	计量单位	数量		单价	金额
			请领	实领		
辅助材料	电线	米	50	50	20.00	1 000.00

第二联 记账联

记账：张明　　　　发料：陈洋　　　　领料：陈小海

领 料 单

领料单位：管理部门

用　　途：汽车　　　　2019 年 4 月 15 日　　　　No 23695

材料类别	材料名称及规格	计量单位	数量		单价	金额
			请领	实领		
燃料	汽油	升	100	100	4.00	400.00

第二联 记账联

记账：张明　　　　发料：陈洋　　　　领料：陈小海

限额领料单

领料部门：一车间

用途：A 产品　　　　2019 年 4 月　　　　No 23696

材料类别	材料名称	规格	计量单位	单价	领用限额	全月实领	
						数量	金额
原料	圆钢	10 毫米	千克	100 元	3 000	2 800	280 000.00
日期	请领			实发		限额结余	
	数量	领料单位负责人签章	领料人签章	数量	发料人签章		
4 月 2 日	1 000	王红	刘东	1 000	陈洋	2 000.00	
4 月 10 日	800	王红	刘东	800	陈洋	1 200.00	
4 月 15 日	1 000	王红	刘东	600	陈洋	600.00	
4 月 25 日	400	王红	刘东	400	陈洋	200.00	
合计	3 200			2 800			

发料凭证汇总表

年　　月

	生产车间		车间一般耗用	管理费用	合计
	A 产品	B 产品			
原料及主要材料					
辅助材料					
修理用备件					
燃料					
合计					

主管　　　　审核　　　　制表

四、实验要求

（1）根据上述经济业务，填制有关原始凭证。

（2）说明各项经济业务应分别填制哪种记账凭证，各应附有哪些原始凭证。

五、实验设计

（1）在填制原始凭证前，指导老师应再次向学生强调填制原始凭证的基本要求，做到准确无误。

（2）在实验中指导老师应指导学生识别原始凭证，并正确填制原始凭证。

（3）实验时间大约需要 2 个学时。

六、实验思考

（1）经济业务发生后为什么要填制原始凭证？

（2）填制原始凭证的具体要求有哪些？

（3）有的原始凭证为什么采用一式多联？

（4）原始凭证为什么要强调有关人员签字盖章？

实验二　原始凭证的审核

一、实验目的

通过实验，进一步认识原始凭证审核的重要性，掌握原始凭证审核的内容及审核结果的处理方法。

二、实验基础知识

为了正确地反映和监督各项经济业务，确保会计资料真实、正确和合法，必须对原始凭证进行严格认真的审核。各种原始凭证除由经办业务部门审核以外，还要由会计部门进行审核。其主要包括：

1．审核原始凭证反映的经济业务内容是否合理、合法

此项主要查明发生的经济业务是否符合国家的政策、法令和制度，是否符合本企业的规则、预算和计划，有无弄虚作假、违法乱纪、贪污舞弊的行为。

2．审核原始凭证的内容和填制手续是否合规

此项主要核实凭证所记录的经济业务是否与实际情况相符；凭证必须具备的基本内容是否填写齐全；文字和数字是否填写正确、清楚；有关人员是否签字盖章。

在原始凭证的审核中发现有不真实、不合法的原始凭证，会计人员有权不予受理，并要向单位负责人报告；对于记载不准确、不完整的原始凭证应予以退回，并要求按照国家的相关规定更正、补充。

三、实验资料

新华公司 2019 年 4 月份发生的部分经济业务如下：

1．2019 年 4 月 2 日，采购员张辉报销购买劳保用品毛巾的费用，毛巾单价为 17.5 元。

四川增值税普通发票

发　票　联

No　07506910

开票日期：2019 年 4 月 2 日

<table>
<tr><td>购买方</td><td colspan="4">名称：新华公司
纳税人识别号：510402247896001
地址、电话：新华街 36 号 0812－335088
开户行及账号：建设银行大河办事处 265489111</td><td>密码区</td><td colspan="3"></td></tr>
<tr><td colspan="2">货物或应税劳务、服务名称
毛巾</td><td>规格型号</td><td>单位
张</td><td>数量
100</td><td>单价
11.50</td><td>金额
1 150.00</td><td>税率
13%</td><td>税额
149.50</td></tr>
<tr><td colspan="2">合　　计</td><td></td><td></td><td></td><td></td><td>¥1 150.00</td><td></td><td>¥149.50</td></tr>
<tr><td colspan="2">价税合计（大写）</td><td colspan="7">⊗壹仟贰佰玖拾玖元伍角整　　（小写）¥1 299.50</td></tr>
<tr><td>销售方</td><td colspan="4">名称：金沙源商场
纳税人识别号：510402246897001
地址、电话：榕树街 36 号 0812－334088
开户行及账号：建设银行大岗办事处 367489151</td><td>备注</td><td colspan="3"></td></tr>
</table>

第三联　发票联　购货方记账凭证

收款人：王艳　　复核：张倩　　开票人：陈玲　　销货方：（章）

2. 2019 年 4 月 5 日，收到职工张红原欠款，开出收据。

收　据

2019 年 4 月 5 日

今收到　张红					
人民币（大写）贰仟伍佰元整　¥2 500.00					
事由：归还原借款				现金：√	
				支票：	
收款单位	新华公司	财务主管		收款人	李华

报销凭证

3. 2019 年 4 月 5 日，开出转账支票一张，支付前欠金江钢铁厂货款 110 008.4 元。

中国建设银行
转账支票存根
Ⅵ Ⅱ03335689
附加信息
出票日期2019年04月05日
收款人 金沙钢铁厂
金　额 110 008.40
用　途 支付前欠货款
单位主管　　会计

本支票付款期十天

中国建设银行　**转账支票**　Ⅵ Ⅱ03335689
出票日期(大写)二零一九年四月五日　开户行名称：建行大河办事处
签发人账号：265489111
收款人：金江钢铁厂

人民币（大写）	千	百	十	万	千	百	十	元	角	分
拾壹万零捌元肆角整			1	1	0	0	0	8	4	0

用途　货款
上列款项请从我账户内支付

签发人盖章　　出纳　记账　复核

4．4 月 6 日，供应部员工李晨到成都出差，向财务科预借差旅费 2 000 元。

借 款 单

年 月 日

工作单位	姓名	借款金额	批准金额	备注
供应部	李晨	2 000	2 000	
人民币（大写）二仟元整				
借款理由	出差			

批准人 审核 借款人：李晨 经办人

5．职工李立报销差旅费，填制报销单一张。

差旅费报销单

出差人：新华公司销售科李立　　　　报 销 日 期：2019 年 4 月 20 日

出差事由	外出参加商品交易会								
时间地点	4 月 3－4 月 7 日 成都								
项目	交通补助	公出补助	飞机	轮船	汽车	火车	住宿费		合 计
单据张数						2	1		
天数	5	5					5		
标准	30	80				178	200		
金额	150	400				356	1 000		￥1 900
合计人民币（大写）：壹仟玖佰元整									￥1 900
原借款 ￥				除报销上项金额外应缴回（补付）					

附件 张

单位负责人 审核 报销人：李立

6. 基本生产车间领用手套 100 双，单价 5 元。

领　料　单

领料单位：

用　　途：A 产品　　　　2019 年 4 月 22 日　　　　No 23699

材料类别	材料名称及规格	计量单位	数　量		单价	金额
			请领	实领		
低值易耗品	手套	吨	120	100	5.00	600.00

第三联　记账联

记账：张明　　　　发料：陈洋　　　　领料：刘东

四、实验要求

对上述原始凭证进行审核，并指出所存在的问题。

五、实验设计

（1）审核原始凭证前，实验指导老师应向学生强调审核原始凭证的基本要求。

（2）对原始凭证的内容和填写情况进行检查，指出存在的问题。

（3）实验时间约 1 个学时。

六、实验思考

（1）为什么要对原始凭证进行审核？

（2）审核原始凭证的依据是什么？

（3）审核中发现的有问题的原始凭证应如何处理？

实验三　记账凭证的填制

一、实验目的

通过实验，进一步了解记账凭证的基本内容，理解记账凭证在会计核算工作中的地位，掌握记账凭证的填制方法。

二、实验基础知识

（一）记账凭证的基本内容

记账凭证是会计人员根据原始凭证填制，记载经济业务简要内容，确定会计分录，作为记账依据的会计凭证。

记账凭证一般应具备以下基本内容：填制凭证的日期；凭证编号；经济业务摘要；账户的名称、记账方向和金额；所附原始凭证张数；填制凭证人员、稽核人员、记账人员、会计主管人员签名或者盖章，收款和付款记账凭证还应当由出纳人员签名或者盖章。

（二）填制记账凭证

会计人员要根据审核无误的原始凭证填制记账凭证。记账凭证可以使用收款凭证、付款凭证、转账凭证，也可以使用通用的记账凭证。

收款凭证和付款凭证是用来反映货币资金收入、付出业务的凭证。转账凭证是用于反映不涉及货币资金业务的凭证。

记账凭证虽有不同格式，但就记账凭证确定会计分录、便于保管和查阅会计资料来看，各种记账凭证的填制都应遵循以下基本要求：

1．摘要要简明

要将经济业务的内容以简练概括的文字填入“摘要”栏内。既要防止简而不明，又要避免过于繁琐。同时，填写摘要时，要考虑到登记明细账的需要，对于不同的经济业务和不同性质的科目，其“摘要”栏填写应有所区别。如：库存现金、银行存款的科目，在“摘要栏”要注明收付对象、结算凭证号码和增减变动的主要内容；财产、物资收付事项应写明物资名称、计量单位、规格、数量、收付单位；往来款项要写明对方单位和款项内容。

2．分录要正确

要根据经济业务的性质，按照会计制度所规定的会计科目和每一会计科目所核算的内容，正确编制会计分录，从而确保核算口径一致，以便于指标的综合汇总和分析对比；同时，也有助于根据正确的账户对应关系，了解有关经济业务的完成情况。

3. 每张记账凭证只能反映一项（或一类）经济业务

每张记账凭证只能记载一项经济业务，在具体填制时可以根据每一张原始凭证填制，或者根据若干张同类原始凭证汇总填制，也可以根据原始凭证汇总表填制。但不得将不同内容和类别的原始凭证汇总填制在一张记账凭证上。

4. 附件要齐全

除结账与更正差错的记账凭证可以不附原始凭证外，其他记账凭证都必须附有原始凭证，以便于复核会计分录是否正确，也便于日后查阅原始凭证。如果一张原始凭证要涉及几张记账凭证，可把原始凭证附在一张主要的记账凭证后面，并在其他记账凭证上注明附有该原始凭证的记账凭证的编号或者附原始凭证复印件。例如，用支票购物，同时又采用赊购的方式在同一时间、地点购物，供货单位只开了一张发票，此时，若分开填两张记账凭证，原始凭证只能附在其中一张后面，另一张记账凭证后面无原始凭证时，可在记账凭证摘要栏中注明附原始凭证的记账凭证的凭证号或者附原始凭证复印件。企业单位提取各项税费的记账凭证，应附自制原始凭证，列明合法的计算提取依据及正确的计算过程。

5. 凭证内容要齐全

记账凭证中的各项内容必须填写齐全，并按规定程序办理签章手续，不得简化。

6. 凭证顺序编号

记账凭证的编号在一个月内应连续，以便查阅。采用通用记账凭证的单位，可按经济业务发生的先后顺序编号，每月从第 1 号编起；采用专用记账凭证的，可按收、付、转账凭证分类编号（收款凭证：“银收”“现收”。付款凭证：“银付”“现付”。转账凭证：“转字”），每类凭证每月都从 1 号编起。如一项经济业务需要填制多张记账凭证时，可用分数编号法，但合计只写在最后一张上，另几张合计处用斜线划掉。如：一笔经济业务需要填制三张转账凭证，凭证的顺序号为 12，凭证的编号则应分别为转字第 $12\frac{1}{3}$号、转字第 $12\frac{2}{3}$号、转字第 $12\frac{3}{3}$号。

7. 错误更正

若记账之前发现记账凭证有错误，应予重新编制正确的记账凭证，并将错误凭证作废或撕毁。

已经登记入账的记账凭证，发现填写错误时，应用错账更正方法进行更正（详见实验七）。

8. 空行处理

记账凭证填制完经济业务事项后，如有空行，应当自金额栏最后一笔金额数字下的空行处至合计数上的空行处划线注销。

三、实验资料

新华公司 2019 年 5 月 21 ~31 日发生的部分经济业务及有关的原始凭证如下：

1. 2019 年 5 月 21 日，从银行提取现金 2 000 元，以备零星开支。

中国建设银行现金支票存根

支票号码 2018623

附加信息

出票日期 2019 年 5 月 21 日

收款人	新华公司
金　额	￥2 000.00
用　途	备用金
备　注	

单位主管：　　　　会计：张明

2. 2019 年 5 月 22 日，购入材料，验收入库。

四川省增值税专用发票

发 票 联

No 00364500

开票日期：2019 年 5 月 22 日

购买方	名称：新华公司 纳税人识别号：510402247896001 地址、电话：新华街 36 号 0812－335088 开户行及账号：建设银行大河办事处 265489111				密码区		
货物及应税劳务名称	规格型号	单位	数量	单价	金额	税率	税额
圆钢	40#	吨	200	1 300.00	260 000.00	13%	33 800.00
合计					￥260 000.00		￥33 800.00
价税合计（大写）	⊗贰拾玖万叁仟捌佰元整				（小写）￥293 800.00		
销售方	名称：金沙钢铁厂 纳税人识别号：510402669856002 地址、电话：长江路 23 号 0812－660088 开户行及账号：建设银行长江路办事处 236987444				备注		

第三联：发票联 购货方记账凭证

收款人：宋海　　　复核：张祥　　　开票人：钟晓华　　　销货方：（章）

四川省增值税专用发票

抵 扣 联

No　00364500

开票日期：2019 年 5 月 22 日

<table>
<tr><td rowspan="4">购买方</td><td colspan="5">名　　　称：新华公司</td><td rowspan="4">密码区</td><td colspan="2" rowspan="4"></td></tr>
<tr><td colspan="5">纳税人识别号：510402247896001</td></tr>
<tr><td colspan="5">地 址 、电 话：新华街 36 号 0812－335088</td></tr>
<tr><td colspan="5">开户行及账号：建设银行大河办事处　265489111</td></tr>
<tr><td colspan="2">货物及应税劳务名称</td><td>规格型号</td><td>单位</td><td>数量</td><td>单价</td><td>金　额</td><td>税率</td><td>税额</td></tr>
<tr><td colspan="2">圆钢</td><td>40#</td><td>吨</td><td>200</td><td>1 300. 00</td><td>260 000. 00</td><td>13%</td><td>33 800. 00</td></tr>
<tr><td colspan="2">合计</td><td></td><td></td><td></td><td></td><td>¥260 000. 00</td><td></td><td>¥33 800. 00</td></tr>
<tr><td colspan="6">价税合计（大写）　⊗贰拾玖万叁仟捌佰元整</td><td colspan="3">（小写）　¥293 800. 00</td></tr>
<tr><td rowspan="4">销售方</td><td colspan="5">名　　　称：金沙钢铁厂</td><td rowspan="4">备注</td><td colspan="2" rowspan="4"></td></tr>
<tr><td colspan="5">纳税人识别号：510402669856002</td></tr>
<tr><td colspan="5">地 址 、电 话：长江路 23 号 0812－660088</td></tr>
<tr><td colspan="5">开户行及账号：建设银行长江路办事处　236987444</td></tr>
</table>

第二联：抵扣联　购货方抵扣凭证

收款人：宋海　　　复核：张祥　　　开票人：钟晓华　　　销货方：（章）

中国建设银行转账支票存根

支票号码　2018623

附加信息

出票日期　2019 年 5 月 22 日

收款人	金沙钢铁厂
金　额	¥293 800. 00
用　途	购货
备　注	

单位主管：　　　　会计：张明

材料入库单

新华公司　　　　2019 年 5 月 22 日　　　　单位：元

<table>
<tr><td>材料名称</td><td>规格</td><td>单位</td><td>数量</td><td>单价</td><td>金额</td><td colspan="2">发货单位</td></tr>
<tr><td>圆钢</td><td>40#</td><td>吨</td><td>200</td><td>1 300.00</td><td>260 000.00</td><td colspan="2">金沙钢铁厂</td></tr>
<tr><td></td><td></td><td></td><td></td><td></td><td></td><td>合同号</td><td>450</td></tr>
<tr><td></td><td></td><td></td><td></td><td></td><td></td><td></td><td></td></tr>
<tr><td></td><td></td><td></td><td></td><td></td><td></td><td></td><td></td></tr>
</table>

财务主管：张洁　　供应科长：陈建　　验收：王宁　　采购员：李力

3. 2019 年 5 月 23 日，以现金购买办公用品。

四川增值税普通发票

发　票　联

No　0036343

开票日期：2019 年 5 月 23 日

<table>
<tr><td>购买方</td><td colspan="3">名称：新华公司
纳税人识别号：510402247896001
地址、电话：新华街 36 号 0812－335088
开户行及账号：建设银行大河办事处 265489111</td><td>密码区</td><td colspan="4"></td></tr>
<tr><td colspan="2">货物或应税劳务、服务名称</td><td>规格型号</td><td>单位</td><td>数量</td><td>单价</td><td>金额</td><td>税率</td><td>税额</td></tr>
<tr><td colspan="2">印纸</td><td></td><td>箱</td><td>2</td><td>300.00</td><td>600.00</td><td>3%</td><td>18.00</td></tr>
<tr><td colspan="2">合　计</td><td></td><td></td><td></td><td></td><td>¥600.00</td><td></td><td>¥18.00</td></tr>
<tr><td colspan="2">价税合计（大写）</td><td colspan="7">⊗陆佰壹拾捌元整　　（小写）¥618.00</td></tr>
<tr><td>销售方</td><td colspan="3">名称：博辉文具用品店
纳税人识别号：510402147856012
地址、电话：新源路 2 号 0812－223088
开户行及账号：建设银行临江办事处 565478911</td><td>备注</td><td colspan="4"></td></tr>
</table>

第三联　发票联　购货方记账凭证

收款人：刘艳　　复核：陈晓雯　　开票人：王欣　　销货方：（章）

4．2019 年 5 月 23 日，购入机床一台，已交付使用。

四川省增值税专用发票

发 票 联　　　　No　00361501

开票日期：2019 年 5 月 23 日

购买方	名　　称：新华公司 纳税人识别号：510402247896001 地 址 、电 话：新华街 36 号 0812 - 335088 开户行及账号：建设银行大河办事处　265489111				密码区		
货物及应税劳务名称	规格型号	单位	数量	单价	金　额	税率	税额
机床	B1 - 100	台	1	300 000. 00	300 000. 00	13%	39 000. 00
合计					¥300 000. 00		¥39 000. 00
价税合计（大写）	⊗叁拾叁万玖仟元整				（小写）		¥339 000. 00
销售方	名　　称：光华机床厂 纳税人识别号：510402489735001 地 址 、电 话：光华路 23 号 0812 - 512880 开户行及账号：建设银行光华路办事处　269744356				备注		

收款人：张洋　　　复核：张长河　　　开票人：宋开勇　　　销货方：（章）

第三联：发票联　购货方记账凭证

四川省增值税专用发票

抵 扣 联　　　　No　00361501

开票日期：2019 年 5 月 23 日

购买方	名　　称：新华公司 纳税人识别号：510402247896001 地 址 、电 话：新华街 36 号 0812 - 335088 开户行及账号：建设银行大河办事处　265489111				密码区		
货物及应税劳务名称	规格型号	单位	数量	单价	金　额	税率	税额
机床	B1 - 100	台	1	300 000. 00	300 000. 00	13%	39 000. 00
合计					¥300 000. 00		¥39 000. 00
价税合计（大写）	⊗叁拾叁万玖仟元整				（小写）		¥339 000. 00
销售方	名　　称：光华机床厂 纳税人识别号：510402489735001 地 址 、电 话：光华路 23 号 0812 - 512880 开户行及账号：建设银行光华路办事处　269744356				备注		

收款人：张洋　　　复核：张长河　　　开票人：宋开勇　　　销货方：（章）

第二联：抵扣联　购货方抵扣凭证

中国建设银行转账支票存根

支票号码　2018624

附加信息

出票日期　2019年5月23日

收款人	光华机床厂
金　额	¥339 000.00
用　途	购机床
备　注	

单位主管：　　　　会计：张明

5．2019年5月24日购入材料一批。

四川省增值税专用发票

发 票 联　　　No　00362502

开票日期：2019年5月24日

<table>
<tr><td rowspan="4">购买方</td><td colspan="6">名　　称：新华公司</td><td rowspan="4">密码区</td><td rowspan="4"></td></tr>
<tr><td colspan="6">纳税人识别号：510402247896001</td></tr>
<tr><td colspan="6">地 址 、电 话：新华街36号0812－335088</td></tr>
<tr><td colspan="6">开户行及账号：建设银行大河办事处　265489111</td></tr>
<tr><td colspan="2">货物及应税劳务名称</td><td>规格型号</td><td>单位</td><td>数量</td><td>单价</td><td>金　额</td><td>税率</td><td>税额</td></tr>
<tr><td colspan="2">线材</td><td>8毫米</td><td>吨</td><td>20</td><td>5 000.00</td><td>100 000.00</td><td>13%</td><td>13 000.00</td></tr>
<tr><td colspan="2">合计</td><td></td><td></td><td></td><td></td><td>¥100 000.00</td><td></td><td>¥13 000.00</td></tr>
<tr><td colspan="2">价税合计（大写）</td><td colspan="5">⊗壹拾壹万叁仟元整</td><td colspan="2">（小写）　¥113 000.00</td></tr>
<tr><td rowspan="4">销售方</td><td colspan="6">名　　称：大发钢铁厂</td><td rowspan="4">备注</td><td rowspan="4"></td></tr>
<tr><td colspan="6">纳税人识别号：510402894563200</td></tr>
<tr><td colspan="6">地 址 、电 话：望江路32号0812－663345</td></tr>
<tr><td colspan="6">开户行及账号：建设银行望江路办事处　236986543</td></tr>
</table>

第三联：发票联　购货方记账凭证

收款人：蒋晓雨　　复核：陈文开　　开票人：刘华英　　销货方：（章）

四川省增值税专用发票

抵 扣 联　　　　No 00362502

开票日期：2019 年 5 月 24 日

<table>
<tr><td rowspan="4">购买方</td><td colspan="6">名　　　称：新华公司</td><td rowspan="4">密码区</td><td rowspan="4" colspan="2"></td></tr>
<tr><td colspan="6">纳税人识别号：510402247896001</td></tr>
<tr><td colspan="6">地 址 、电 话：新华街 36 号 0812－335088</td></tr>
<tr><td colspan="6">开户行及账号：建设银行大河办事处　265489111</td></tr>
<tr><td colspan="2">货物及应税劳务名称</td><td>规格型号</td><td>单位</td><td>数量</td><td>单价</td><td colspan="2">金　额</td><td>税率</td><td>税额</td></tr>
<tr><td colspan="2">线材</td><td>8 毫米</td><td>吨</td><td>20</td><td>5 000.00</td><td colspan="2">100 000.00</td><td>13%</td><td>13 000.00</td></tr>
<tr><td colspan="2">合计</td><td></td><td></td><td></td><td></td><td colspan="2">¥100 000.00</td><td></td><td>13 000.00</td></tr>
<tr><td colspan="10">价税合计（大写）　⊗壹拾壹万叁仟元整　　（小写）　¥113 000.00</td></tr>
<tr><td rowspan="4">销售方</td><td colspan="6">名　　　称：大发钢铁厂</td><td rowspan="4">备注</td><td rowspan="4" colspan="2"></td></tr>
<tr><td colspan="6">纳税人识别号：510402894563200</td></tr>
<tr><td colspan="6">地 址 、电 话：望江路 32 号 0812－663345</td></tr>
<tr><td colspan="6">开户行及账号：建设银行望江路办事处　236986543</td></tr>
</table>

收款人：蒋晓雨　　复核：陈文开　　开票人：刘华英　　销货方：（章）

第二联：抵扣联 购货方抵扣凭证

材 料 入 库 单

新华公司　　2019 年 5 月 24 日　　单位：元

<table>
<tr><td>材料名称</td><td>规格</td><td>单位</td><td>数量</td><td>单价</td><td>金额</td><td colspan="2">发货单位</td></tr>
<tr><td>线材</td><td>8 毫米</td><td>吨</td><td>20</td><td>5 000.00</td><td>100 000.00</td><td colspan="2">大发钢铁厂</td></tr>
<tr><td></td><td></td><td></td><td></td><td></td><td></td><td>合同号</td><td>552</td></tr>
<tr><td></td><td></td><td></td><td></td><td></td><td></td><td></td><td></td></tr>
<tr><td></td><td></td><td></td><td></td><td></td><td></td><td></td><td></td></tr>
</table>

财务主管：张洁　　供应科长：陈建　　验收：王宁　　采购员：李力

6．2019 年 5 月 24 日，开出支票支付广告费。

四川省增值税专用发票

发 票 联

No　2365478

开票日期：2019 年 5 月 24 日

购买方	名　　称：新华公司 纳税人识别号：510402247896001 地 址 、电 话：新华街 36 号 0812－335088 开户行及账号：建设银行大河办事处　265489111				密码区		
货物及应税劳务名称	规格型号	单位	数量	单价	金　额	税率	税额
产品广告费		次	20	300.00	6 000.00	6%	360.00
合计					¥6 000.00		¥360.00
价税合计（大写）	⊗陆仟叁佰陆拾元整				（小写）　¥6 360.00		
销售方	名　　称：荣欣广告公司 纳税人识别号：51040737685724 地 址 、电 话：龙密路 12 号 0812－667345 开户行及账号：建设银行龙密办事处 567986543				备注		

收款人：张辉　　复核：刘翔辉　　开票人：杨星　　销货方：（章）

第三联：发票联　购货方记账凭证

四川省增值税专用发票

抵 扣 联

No　2365478

开票日期：2019 年 5 月 24 日

购买方	名　　称：新华公司 纳税人识别号：510402247896001 地 址 、电 话：新华街 36 号 0812－335088 开户行及账号：建设银行大河办事处　265489111				密码区		
货物及应税劳务名称	规格型号	单位	数量	单价	金　额	税率	税额
产品广告费		次	20	300.00	6 000.00	6%	360.00
合计					¥6 000.00		¥360.00
价税合计（大写）	⊗陆仟叁佰陆拾元整				（小写）　¥6 360.00		
销售方	名　　称：荣欣广告公司 纳税人识别号：51040737685724 地 址 、电 话：龙密路 12 号 0812－667345 开户行及账号：建设银行龙密办事处 567986543				备注		

收款人：张辉　　复核：刘翔辉　　开票人：杨星　　销货方：（章）

第二联：抵扣联　购货方抵扣凭证

中国建设银行转账支票存根

支票号码　2018625

附加信息

出票日期　2019 年 5 月 24 日

收款人	创新广告公司
金　额	¥6 360.00
用　途	产品广告费
备　注	

单位主管：　　会计：张明

7. 2019 年 5 月 24 日，销售产品一批。

四川省增值税专用发票

记 账 联　　No　00362503

开票日期：2019 年 5 月 24 日

购买方	名　　称：光明工厂 纳税人识别号：510402247896001 地 址 、电 话：新华街 36 号 0812－332108 开户行及账号：工商银行大河支行　698541233				密码区		
货物及应税劳务名称	规格型号	单位	数量	单价	金　额	税率	税额
产品	A	台	200	2 000.00	400 000.00	13%	52 000.00
合计					¥400 000.00		¥52 000.00
价税合计（大写）	⊗肆拾伍万贰仟元整				（小写）	¥452 000.00	
销售方	名　　称：新华公司 纳税人识别号：510402894563200 地 址 、电 话：新华街 36 号 0812－335088 开户行及账号：建设银行大河办事处　265489111				备注		

第一联　记账联　销货方记账凭证

收款人：李华　　复核：王珂　　开票人：刘玉成　　销货方：（章）

中国建设银行进账单（收账通知）

2019 年 5 月 24 日　　　　　　　　第 12 号

<table>
<tr><td rowspan="3">收款人</td><td>全　称</td><td>新华公司</td><td rowspan="3">付款人</td><td>全　称</td><td colspan="10">光明工厂</td></tr>
<tr><td>账　号</td><td>265489111</td><td>账　号</td><td colspan="10">698541233</td></tr>
<tr><td>开户银行</td><td>建设银行大河办事处</td><td>开户银行</td><td colspan="10">工商银行大河支行</td></tr>
<tr><td colspan="5" rowspan="2">人民币（大写）　肆拾伍万贰仟元整</td><td>千</td><td>百</td><td>十</td><td>万</td><td>千</td><td>百</td><td>十</td><td>元</td><td>角</td><td>分</td></tr>
<tr><td></td><td>¥</td><td>4</td><td>5</td><td>2</td><td>0</td><td>0</td><td>0</td><td>0</td><td>0</td></tr>
<tr><td colspan="2">票据种类</td><td colspan="2">转账支票</td><td colspan="11" rowspan="3">收款人开户银行盖章</td></tr>
<tr><td colspan="2">票据张数</td><td colspan="2">1 张</td></tr>
<tr><td colspan="4">单位主管　　会计　　复核　　记账</td></tr>
</table>

此联是银行交给收款人的回单

8．职工出差借款。

借　款　单

2019 年 5 月 25 日

<table>
<tr><td>工作单位</td><td>姓名</td><td>借款金额</td><td>批准金额</td><td>备注</td></tr>
<tr><td>销售部</td><td>张扬</td><td>3 000. 00</td><td>3 000. 00</td><td rowspan="3"></td></tr>
<tr><td colspan="4">人民币（大写）　叁仟元整</td></tr>
<tr><td>借款理由</td><td colspan="3">开商品展销会</td></tr>
</table>

批准人：刘莉　　　　审核：　　　　借款人：张扬　　　　经办人：

9. 2019 年 5 月 26 日，支付车间机器设备的修理费。

四川省增值税专用发票

发 票 联

No 5698723

开票日期：2019 年 5 月 26 日

购买方	名　　称：新华公司 纳税人识别号：510402247896001 地 址 、电 话：新华街 36 号 0812 - 335088 开户行及账号：建设银行大河办事处　265489111					密码区		
货物及应税劳务名称		规格型号	单位	数量	单价	金　额	税率	税额
修理费			工时	30	30.00	900.00	13%	117.00
合计						¥900.00		¥117.00
价税合计（大写）	⊗壹仟零壹拾柒元整					（小写）　¥1 017.00		
销售方	名　　称：宏大修理厂 纳税人识别号：510402357896031 地 址 、电 话：新华街 20 号 0812 - 335066 开户行及账号：建设银行大河办事处 265587421					备注		

收款人：夏雨　　复核：何云帆　　开票人：张晓雨　　销货方：（章）

第三联：发票联　购货方记账凭证

四川省增值税专用发票

抵 扣 联

No 5698723

开票日期：2019 年 5 月 26 日

购买方	名　　称：新华公司 纳税人识别号：510402247896001 地 址 、电 话：新华街 36 号 0812 - 335088 开户行及账号：建设银行大河办事处　265489111					密码区		
货物及应税劳务名称		规格型号	单位	数量	单价	金　额	税率	税额
修理费			工时	30	30.00	900.00	13%	117.00
合计						¥900.00		¥117.00
价税合计（大写）	⊗壹仟零壹拾柒元整					（小写）　¥1 017.00		
销售方	名　　称：宏大修理厂 纳税人识别号：510402357896031 地 址 、电 话：新华街 20 号 0812 - 335066 开户行及账号：建设银行大河办事处 265587421					备注		

收款人：夏雨　　复核：何云帆　　开票人：张晓雨　　销货方：（章）

第二联：抵扣联　购货方抵扣凭证

中国建设银行转账支票存根

支票号码 3026587

附加信息

出票日期 2019年5月26日

收款人	宏大修理厂
金 额	¥1 017.00
用 途	机床修理费
备 注	

单位主管： 会计：张明

10. 2019年5月26日，销售产品一批。新华公司代垫运杂费2 507元（含增值税），并办好托收手续。

四川省增值税专用发票

记 账 联 No 00462504

开票日期：2019年5月26日

购买方	名　　称：成都金福公司 纳税人识别号：510106247896001 地 址 、电 话：金福街10号028－873588 开户行及账号：工商银行金福支行 236589441					密码区	
货物及应税劳务名称	规格型号	单位	数量	单价	金 额	税率	税额
产品	B	台	120	2 500.00	300 000.00	13%	39 000.00
合计					¥300 000.00		¥39 000.00
价税合计（大写）	⊗叁拾叁万玖仟元整			（小写）	¥339 000.00		
销售方	名　　称：新华公司 纳税人识别号：510402247896001 地 址 、电 话：新华街36号0812－335088 开户行及账号：建设银行大河办事处 265489111					备注	

第一联 记账联 销货方记账凭证

收款人：李华 复核：王珂 开票人：刘玉成 销货方：（章）

四川增值税普通发票

发　票　联

No　5698465

开票日期：2019 年 5 月 26 日

购买方	名称：成都金福公司 纳税人识别号：510106247896001 地址、电话：金福街 10 号 028－873588 开户行及账号：工商银行金福支行 236589441				密码区		
货物或应税劳务、服务名称	规格型号	单位	数量	单价	金额	税率	税额
运输费					2 300.00	9%	207.00
合　　计					￥2 300.00		￥207.00
价税合计（大写）	⊗贰仟伍佰零柒元整					（小写）	￥2 507.00
销售方	名称：诚运物流公司 纳税人识别号：510402357896234 地址、电话：新华街 55 号 0812－335156 开户行及账号：农业银行炳草岗支行 265587361				备注		

第三联　发票联　购货方记账凭证

收款人：秦禾　　　复核：张梅　　　开票人：张雨思　　　销货方：（章）

中国建设银行转账支票存根

支票号码　2018654

附加信息

出票日期　2019 年 5 月 26 日

收款人	诚运物流公司
金　额	￥2 507.00
用　途	代垫运费
备　注	

单位主管：　　　　会计：张明

托收承付凭证（回单）

委托日期：2019 年 5 月 26 日　　　　　　　　　　　　　　　　　　No 264321

<table>
<tr><td rowspan="3">收款人</td><td>全　称</td><td colspan="3">新华公司</td><td rowspan="3">付款人</td><td>全　称</td><td colspan="9">成都金福公司</td></tr>
<tr><td>账　号</td><td colspan="3">265489111</td><td>账　号</td><td colspan="9">236589441</td></tr>
<tr><td>开户银行</td><td colspan="3">建设银行大河办事处</td><td>开户银行</td><td colspan="9">工商银行金福支行</td></tr>
<tr><td rowspan="2">委托收款金额</td><td colspan="6" rowspan="2">人民币（大写）叁拾肆万壹仟伍佰零柒元整</td><td>百</td><td>十</td><td>万</td><td>千</td><td>百</td><td>十</td><td>元</td><td>角</td><td>分</td></tr>
<tr><td>¥</td><td>3</td><td>4</td><td>1</td><td>5</td><td>0</td><td>7</td><td>0</td><td>0</td></tr>
<tr><td colspan="2">附寄单据</td><td>4</td><td>商品发运情况</td><td colspan="3"></td><td colspan="5">合同号码</td><td colspan="4">32564</td></tr>
<tr><td colspan="2">备注</td><td colspan="4">款项收托日期
年　月　日</td><td colspan="10">开户银行盖章
2019 年 5 月 26 日</td></tr>
</table>

此联是银行给收款人的回单

11. 2019 年 5 月 27 日，支付轿车的保险费。

中国建设银行转账支票存根

支票号码　2018736

附加信息

出票日期　2019 年 5 月 27 日

收款人	中保攀枝花市分公司
金　额	¥3 180.00
用　途	保险费
备　注	

单位主管：　　　　会计：张明

四川省增值税专用发票

发 票 联

No　00453526

开票日期：2019 年 5 月 27 日

购买方	名　　　称：新华公司 纳税人识别号：510402247896001 地 址 、电 话：新华街 36 号 0812 - 335088 开户行及账号：建设银行大河办事处　265489111				密码区		
货物及应税劳务名称	规格型号	单位	数量	单价	金　额	税率	税额
保险费					3 000.00	6%	180.00
合计					¥3 000.00		¥180.00
价税合计（大写）	⊗叁仟壹佰捌拾元整				（小写）　¥3 180.00		
销售方	名　　　称：中保攀枝花市分公司 纳税人识别号：510402361297521 地 址 、电 话：新华街 12 号 0812 - 235499 开户行及账号：建设银行大河办事处 266254111				备注		

收款人：陈锋　　　复核：朱晓　　　开票人：杜云航　　　销货方：（章）

第三联：发票联　购货方记账凭证

四川省增值税专用发票

抵 扣 联

No　00453526

开票日期：2019 年 5 月 27 日

购买方	名　　　称：新华公司 纳税人识别号：510402247896001 地 址 、电 话：新华街 36 号 0812 - 335088 开户行及账号：建设银行大河办事处　265489111				密码区		
货物及应税劳务名称	规格型号	单位	数量	单价	金　额	税率	税额
保险费					3 000.00	6%	180.00
合计					¥3 000.00		¥180.00
价税合计（大写）	⊗叁仟壹佰捌拾元整				（小写）　¥3 180.00		
销售方	名　　　称：中保攀枝花市分公司 纳税人识别号：510402361297521 地 址 、电 话：新华街 12 号 0812 - 235499 开户行及账号：建设银行大河办事处 266254111				备注		

收款人：陈锋　　　复核：朱晓　　　开票人：杜云航　　　销货方：（章）

第二联：抵扣联　购货方抵扣凭证

12．2019 年 5 月 28 日，取得借款。

借款借据（入账通知）

单位编号：3658　　日期：2019 年 5 月 28 日　　No 654789

<table>
<tr><td rowspan="3">收款单位</td><td>名　称</td><td>新华公司</td><td rowspan="3">付款单位</td><td>名　称</td><td colspan="9">建设银行大河办事处</td></tr>
<tr><td>往来账号</td><td>265489111</td><td>往来账号</td><td colspan="9">698425661</td></tr>
<tr><td>开户银行</td><td>建设银行大河办事处</td><td>开户银行</td><td colspan="9">建设银行大河办事处</td></tr>
<tr><td rowspan="2">借款金额</td><td colspan="4" rowspan="2">人民币（大写）伍拾万元整</td><td>百</td><td>十</td><td>万</td><td>千</td><td>百</td><td>十</td><td>元</td><td>角</td><td>分</td></tr>
<tr><td>¥</td><td>5</td><td>0</td><td>0</td><td>0</td><td>0</td><td>0</td><td>0</td><td>0</td></tr>
<tr><td>借款原因及用途</td><td colspan="2">购材料</td><td colspan="2">利率</td><td colspan="9">10%</td></tr>
<tr><td colspan="3">借　款　期　限</td><td colspan="11" rowspan="5">你单位上列借款，已转入你单位结算户内。借款到期时由我行按期自你单位结算账户转还。
此致
（银行盖章）
2019 年 6 月 28 日</td></tr>
<tr><td>期限</td><td>计划还款日期</td><td>计划还款金额</td></tr>
<tr><td>1</td><td>2019 年 11 月 28 日</td><td></td></tr>
<tr><td>2</td><td></td><td></td></tr>
<tr><td>3</td><td></td><td></td></tr>
</table>

此联由银行退借款单位作入账通知

13．2019 年 5 月 29 日，收到宏大公司转账支票一张，用以支付上月的欠款，当即存入银行。

中国建设银行进账单（收账通知）

2019 年 5 月 29 日　　第 14 号

<table>
<tr><td rowspan="3">收款人</td><td>全　称</td><td>新华公司</td><td rowspan="3">付款人</td><td>全　称</td><td colspan="10">宏大公司</td></tr>
<tr><td>账　号</td><td>265489111</td><td>账　号</td><td colspan="10">698745121</td></tr>
<tr><td>开户银行</td><td>建设银行大河办事处</td><td>开户银行</td><td colspan="10">工商银行大河支行</td></tr>
<tr><td colspan="5" rowspan="2">人民币（大写）　伍万陆千元整</td><td>千</td><td>百</td><td>十</td><td>万</td><td>千</td><td>百</td><td>十</td><td>元</td><td>角</td><td>分</td></tr>
<tr><td></td><td></td><td>¥</td><td>5</td><td>6</td><td>0</td><td>0</td><td>0</td><td>0</td><td>0</td></tr>
<tr><td colspan="2">票据种类</td><td colspan="2">转账支票</td><td colspan="11" rowspan="3">收款人开户银行盖章</td></tr>
<tr><td colspan="2">票据张数</td><td colspan="2">1 张</td></tr>
<tr><td colspan="4">单位主管　　会计　　复核　　记账</td></tr>
</table>

此联是银行交给收款人的回单

14．2019 年 5 月 29 日，收到金福公司货款。

托收承付凭证（收账通知）

委托日期：2019 年 5 月 26 日　　　　No 264321

收款人	全　称	新华公司	付款人	全　称	成都金福公司
	账　号	265489111		账　号	236589441
	开户银行	建设银行大河办事处		开户银行	工商银行金福支行

		百	十	万	千	百	十	元	角	分
委托收款金额	人民币（大写）　叁拾肆万壹仟伍佰零柒元整	¥	3	4	1	5	0	7	0	0

附寄单据	4	商品发运情况		合同号码	32564
备注	款项收托日期 2019 年 5 月 29 日		开户银行盖章 2019 年 5 月 26 日		

此联是银行给收款人的入账通知

15．2019 年 5 月 29 日，偿还上月购料款。

中国建设银行电汇凭证（回单）

2019 年 5 月 29 日

付款人	全称	新华公司			收款人	全称	大发钢铁厂		
	账号	265489111				账号	67894563200		
	汇出地点	四川攀枝花市	汇出行名称	建设银行大河办事处		汇入地点	四川成都市	汇入行名称	建设银行望江办事处

		千	百	十	万	千	百	十	元	角	分
汇入金额	人民币（大写）　柒万元整			¥	7	0	0	0	0	0	0

汇款用途　　前欠货款	汇出银行盖章 2019 年 5 月 29 日
上列款项已根据委托办理，如需查询，请持次回单来行面洽	

此联是银行交给收款人的回单

16. 职工交来现金偿还借款。

收　　据

2019 年 5 月 29 日

今收到职工　彭英					
人民币（大写）　壹仟元整　　　　¥1 000.00					
事由：住院借款				现金：√	
				支票	
收款单位		财务主管		收款人	李华

此联为报销凭证

17. 2019 年 5 月 29 日，销售废料一批。

四川增值税普通发票

记 账 联

No　236548

开票日期：2019 年 5 月 29 日

购买方	名称：兴业收购站 纳税人识别号：510402241236017 地址、电话：新华街 36 号 0812－335088 开户行及账号：建设银行大河办事处 265489111				密码区		
货物或应税劳务、服务名称	规格型号	单位	数量	单价	金额	税率	税额
废品		千克	1 000	1.20	1 200.00	13%	156.00
合　　计					¥1 200.00		¥156.00
价税合计（大写）	⊗壹仟叁佰伍拾陆元整					（小写）¥1 356.00	
销售方	名称：新华公司 纳税人识别号：510402247896001 地址、电话：新华街 36 号 0812－335088 开户行及账号：建设银行大河办事处 265489111				备注		

第一联　记账联　销货方记账凭证

收款人：李华　　　复核：王珂　　　开票人：刘玉成　　　销货方：（章）

18．2019 年 5 月 30 日，分配结转本月工资费用。

工资费用汇总分配表

2019 年 5 月 30 日　　　　单位：元

车间、部门		应分配金额
车间生产人员工资	A 产品工人	40 000.00
	B 产品工人	20 000.00
	车间生产人员工资合计	60 000.00
车间管理人员		10 000.00
厂部管理人员		5 000.00
专设销售机构人员		3 000.00
合计		78 000.00

主管：　　　　审核：陈红　　　　制单：李轻

19．计提职工福利费。

职工福利费计提表

2019 年 5 月 30 日　　　　单位：元

车间、部门		工资总额	计提比例（%）	计提金额
车间生产人员工资	A 产品工人	40 000.00	14	5 600.00
	B 产品工人	20 000.00	14	2 800.00
	小计	60 000.00	14	8 400.00
车间管理人员		10 000.00	14	1 400.00
厂部管理人员		5 000.00	14	700.00
专设销售机构人员		3 000.00	14	420.00
合计		78 000.00		10 920.00

主管：　　　　审核：陈红　　　　制单：李轻

20. 2019 年 5 月 31 日，分配并结转发出材料成本。

新华公司发料凭证汇总表

2019 年 5 月 31 日

日期	领料单张数	贷方科目	借方科目					
			生产成本		制造费用	管理费用	其他业务成本	合计
			A 产品	B 产品				
1~15 日	5 张	原材料	50 000.00	80 000.00	1 000.00	500.00		131 500.00
15~30 日	10 张	原材料	95 000.00	30 000.00	2 000.00		500.00	127 500.00
合计			145 000.00	110 000.00	3 000.00	500.00	500.00	259 000.00

会计主管： 记账： 审核：陈红 制单：王微

21. 2019 年 5 月 31 日，预提本月短期借款利息。

短期借款利息计算表

2019 年 5 月 31 日 单位：元

借款本金	借款日期	利息率	借款利息
750 000.00	2019.03.01	6.7%	4 187.5
38 000.00	2019.05.01	6.7%	212.17
65 000.00	2019.05.15	6.2%	167.92
合计			4 567.59

主管： 审核： 制单：刘明

22. 2019 年 5 月 31 日，支付并分配本月水费。

中国建设银行转账支票存根

支票号码　2018637

附加信息

出票日期　2019 年 5 月 31 日

收款人	市自来水公司
金　额	¥2 398.00
用　途	支付水费
备　注	

单位主管：　　　　会计：张明

四川省增值税专用发票

发 票 联

No　00361665

开票日期：2019 年 5 月 31 日

购买方	名　　称：新华公司 纳税人识别号：510402247896001 地址、电话：新华街 36 号 0812－335088 开户行及账号：建设银行大河办事处　265489111					密码区		
货物及应税劳务名称	规格型号	单位	数量	单价	金　额	税率	税额	
自来水		吨	1 000	2.2	2 200.00	9%	198.00	
合计					¥2 200.00		¥198.00	
价税合计（大写）	⊗贰仟叁佰玖拾捌元整				（小写）　¥2 398.00			
销售方	名　　称：市自来水公司 纳税人识别号：512345678965551 地址、电话：成光路 23 号 0812－347899 开户行及账号：建设银行成光路办事处　269723456					备注		

第三联：发票联　购货方记账凭证

收款人：王伟华　　　复核：张中天　　　开票人：陈晓燕　　　销货方：（章）

四川省增值税专用发票

抵扣联

No 00361665

开票日期：2019 年 5 月 31 日

购买方	名　　称：新华公司 纳税人识别号：510402247896001 地 址 、电 话：新华街 36 号 0812－335088 开户行及账号：建设银行大河办事处　265489111				密码区		
货物及应税劳务名称	规格型号	单位	数量	单价	金　额	税率	税额
自来水		吨	1 000	2.2	2 200.00	9%	198.00
合计					￥2 200.00		￥198.00
价税合计（大写）	⊗贰仟叁佰玖拾捌元整				（小写）　￥2 398.00		
销售方	名　　称：市自来水公司 纳税人识别号：512345678965551 地 址 、电 话：成光路 23 号 0812－347899 开户行及账号：建设银行成光路办事处　269723456				备注		

第二联：抵扣联 购货方抵扣凭证

收款人：王伟华　　复核：张中天　　开票人：陈晓燕　　销货方：（章）

水费分配表

2019 年 5 月 31 日　　单位：元

分配对象	耗用数量（吨）	单价	金额
车间耗费	545	2.2	1 199.00
厂部耗费	455	2.2	1 001.00
合计	1 000		2 200.00

主管　　审核　　制表：刘明

23．2019 年 5 月 31 日，计提本月固定资产折旧。

固定资产折旧计算表

2019 年 5 月 31 日

应借科目	使用部门	月初固定资产原值	月折旧率	月折旧额
制造费用	车间	155 850. 00	5%	7 793. 00
管理费用	厂部	103 900. 00	3%	3 117. 00
	合计			10 910. 00

主管：　　　　　　审核：　　　　　　制单：刘明

24．2019 年 5 月 31 日，财产清查中，发现材料盘亏，经查系管理不善造成。

财产清查报告单

2019 年 5 月 31 日

<table>
<tr><td rowspan="2">财产名称</td><td rowspan="2">单位</td><td rowspan="2">单价</td><td rowspan="2">账面数量</td><td rowspan="2">实存数量</td><td colspan="2">盘盈</td><td colspan="2">盘亏</td><td rowspan="2">盘亏原因</td></tr>
<tr><td>数量</td><td>金额</td><td>数量</td><td>金额</td></tr>
<tr><td>C 材料</td><td>千克</td><td>400. 00</td><td>100</td><td>98</td><td></td><td></td><td>2</td><td>800. 00</td><td>管理不善</td></tr>
<tr><td></td><td></td><td></td><td></td><td></td><td></td><td></td><td></td><td></td><td></td></tr>
<tr><td></td><td></td><td></td><td></td><td></td><td></td><td></td><td></td><td></td><td></td></tr>
<tr><td colspan="3">合　　计</td><td>100</td><td>98</td><td></td><td></td><td>2</td><td>800. 00</td><td></td></tr>
<tr><td rowspan="2">处理意见</td><td colspan="4">审批部门</td><td colspan="3">清查小组</td><td colspan="2">使用保管部门</td></tr>
<tr><td colspan="4"></td><td colspan="3"></td><td colspan="2"></td></tr>
</table>

主管：　　　　保管使用：　　　　制单：陈小海　　　　审批：

25. 2019 年 5 月 31 日，分配本月制造费用。

制造费用分配表

2019 年 5 月 31 日

分配对象	分配标准（生产工人资）	分配率	分配金额
A 产品	40 000.00		71 528.00
B 产品	20 000.00		35 764.00
	60 000.00	1.788 2	107 292.00

主管　　审核　　制表：刘明

26. 2019 年 5 月 31 日，结转完工入库产品实际成本。

完工产品成本计算单

2019 年 5 月 31 日　　单位：元

成本项目	A 产品（200 台）		B 产品（100 台）	
	总成本	单位成本	总成本	单位成本
直接材料	140 000.00	700.00	100 000.00	1 000.00
直接人工	36 000.00	180.00	20 000.00	200.00
制造费用	64 000.00	320.00	30 000.00	300.00
合计	240 000.00	1 200.00	150 000.00	1 500.00

主管：　　审核：王萧　　制表人：刘明

27. 2019 年 5 月 31 日结转已销产品成本。

新华公司产品出库单

收货单位　　　　2019 年 5 月 31 日　　　　单位：元

产品名称	计量单位	数量	单价	金额
A 产品	台	200	1 200.00	240 000.00
B 产品	台	120	1 600.00	192 000.00
合计				432 000.00

主管：　　　　审核：王萧　　　　制单人：刘明

已销产品成本计算单

2019 年 5 月 31 日　　　　单位：元

产品名称	计量单位	月初结存		本月入库		本月销售	
		数量	总成本	数量	总成本	数量	总成本
A 产品	台			200	240 000.00	200	240 000.00
B 产品	台			100	150 000.00	120	192 000.00
合计					390 000.00		432 000.00

主管：　　　　审核：王萧　　　　制单人：刘明

28. 2019 年 5 月 31 日，将各损益类账户转入本年利润（新华公司 2019 年 5 月 1～20 日各损益类账户的发生额见实验九的科目汇总表，即表 9－2、表 9－3）。

29. 2019 年 5 月 31 日，根据本月实现的税前会计利润，计算本月应交纳的所得税。

30. 2019 年 5 月 31 日，将所得税转入本年利润。

四、实验要求

（1）根据文字描述和给出的原始凭证对经济业务进行分析。

（2）填制记账凭证（假设该企业采用收、付、转三种凭证）。

（3）将原始凭证裁下附在记账凭证后面。

五、实验设计

（1）在填制凭证前，指导老师应向学生强调记账凭证的填制要求。

（2）截至 2019 年 5 月 20 日，各类凭证的编号分别为：现收 29 号，银收 34 号，现付 40 号，银付 56 号，转字 25 号。

（3）实验需要收款凭证 6 张，付款凭证 10 张，转账凭证 16 张。

（4）实验时间大约需 6 个学时。

六、实验思考

（1）记账凭证的基本内容有哪些？

（2）记账凭证编制的要求有哪些？

实验四　记账凭证的审核

一、实验目的

通过实验，进一步理解审核记账凭证的重要性，掌握记账凭证的审核方法。

二、实验基础知识

记账凭证是登记账簿的直接根据，为了保证账簿记录的正确性，以及整个会计信息的质量，在记账前必须要由专人对已经填制的记账凭证进行认真、严格的审核。

记账凭证的审核，主要包括以下几方面：

（1）记账凭证是否附有原始凭证，记账凭证的内容与所附原始凭证记录的经济业务内容和数额是否一致。

（2）会计科目的使用是否正确，二级或明细科目是否齐全；账户对应关系是否正确；金额计算是否准确无误。

（3）记账凭证中有关项目是否填列齐全，有关人员是否签名或盖章。

在审核中若发现记账凭证填制有错误，应查明原因，予以重填或按规定方法及时更正。只有审核无误的记账凭证，才能据以记账。

三、实验资料

新华公司 2019 年 6 月 10 日发生的经济业务的原始凭证经审核后，公司会计人员根据原始凭证填制的记账凭证及所附的原始凭证如下：

1. 以转账支票预付购货款。

付 款 凭 证

贷方科目：银行存款　　　　2019 年 6 月 10 日　　　　银付字 10 号

摘要	总账科目	明细科目	金额									记账
			百	十	万	千	百	十	元	角	分	
预付货款	材料采购					8	0	0	0	0	0	
合计金额					¥	8	0	0	0	0	0	

附件　张

会计主管：　　记账：　　复核：　　制单：张明　　出纳：

中国建设银行转账支票存根

支票号码　2018623

附加信息

出票日期　2019 年 6 月 10 日

收款人	红河公司
金　额	¥8 000.00
用　途	预付货款
备　注	

单位主管：　　会计：张明

2. 2019 年 6 月 10 日，供应科业务员持发票报销以现金支付的业务招待费。

付 款 凭 证

贷方科目：库存现金　　　　2019 年 6 月 10 日　　　　现付字 10 号

摘要	总账科目	明细科目	金额									记账
			百	十	万	千	百	十	元	角	分	
业务招待费	管理费用						5	5	0	0	0	
合计金额						¥	5	5	0	0	0	

附件　张

会计主管：　　记账：　　复核：　　制单：张明　　出纳：

四川增值税普通发票（卷票）

发 票 联

发票代码 051001700106
发票号码 02462401
机打号码 04087798
机器编号 499945404149
销售方名称 金福酒楼

纳税人识别号 510402247896001
开票日期 2019－6－10
收款员 管理员
购买方名称 新华公司

纳税人识别号 915101041265566252

项目	单价	数量	金额
餐饮	450.00	1	450.00

合计金额（小写） ¥450.00
合计金额（大写）肆佰伍拾元整

3．购入材料一批。

转　账　凭　证

2019 年 6 月 10 日　　　　转字 12 号

摘　要	科目名称		借方金额								贷方金额								记账符号
	总账科目	明细科目	十	万	千	百	十	元	角	分	十	万	千	百	十	元	角	分	
购入材料	原材料	圆钢		6	0	0	0	0	0	0									√
	应交税费	应交增值税			7	8	0	0	0	0									√
	材料采购											6	7	8	0	0	0	0	
附件 1 张	合计		¥	6	7	8	0	0	0	0	¥	6	7	8	0	0	0	0	

会计主管：　　　　记账：　　　　复核：　　　　制单：张明

四川省增值税专用发票

发票联

No 00362525

开票日期：2019 年 6 月 10 日

购买方	名　　称：新华公司 纳税人识别号：510402247896001 地 址 、电 话：新华街 36 号 0812－335088 开户行及账号：建设银行大河办事处　265489111					密码区	
货物及应税劳务名称	规格型号	单位	数量	单价	金　额	税率	税额
圆钢	40#	吨	40	1 500. 00	60 000. 00	13%	7 800. 00
合计					¥60 000. 00		¥7 800. 00
价税合计（大写）	⊗陆万柒仟捌佰元整					（小写）	¥67 800. 00
销售方	名　　称：金沙钢铁厂 纳税人识别号：510402669856002 地 址 、电 话：长江路 23 号 0812－660088 开户行及账号：建设银行长江路办事处　236987444					备注	

收款人：宋海　　复核：张祥　　开票人：钟晓华　　销货方：（章）

第三联：发票联　购货方记账凭证

四川省增值税专用发票

抵扣联

No 00362525

开票日期：2019 年 6 月 10 日

购买方	名　　称：新华公司 纳税人识别号：510402247896001 地 址 、电 话：新华街 36 号 0812－335088 开户行及账号：建设银行大河办事处　265489111					密码区	
货物及应税劳务名称	规格型号	单位	数量	单价	金　额	税率	税额
圆钢	40#	吨	40	1 500. 00	60 000. 00	13%	7 800. 00
合计					¥60 000. 00		¥7 800. 00
价税合计（大写）	⊗陆万柒仟捌佰元整					（小写）	¥67 800. 00
销售方	名　　称：金沙钢铁厂 纳税人识别号：510402669856002 地 址 、电 话：长江路 23 号 0812－660088 开户行及账号：建设银行长江路办事处　236987444					备注	

收款人：宋海　　复核：张祥　　开票人：钟晓华　　销货方：（章）

第二联：抵扣联　购货方抵扣凭证

材 料 入 库 单

新华公司　　　　2019 年 6 月 10 日　　　　单位：元

材料名称	规格	单位	数量	单价	金额	发货单位	
圆钢	40#	吨	40	1 500.00	60 000	金沙钢铁厂	
						合同号	559

第二联　记账联

财务主管：张洁　　　供应科长：陈建　　　验收：王宁　　　采购员：李力

4. 分配本月应付电费。

转　账　凭　证

2019 年 6 月 10 日　　　　转字 13 号

摘　　要	科目名称		借方金额								贷方金额								记账符号
	总账科目	明细科目	十	万	千	百	十	元	角	分	十	万	千	百	十	元	角	分	
购入材料	制造费用	A 产品			8	0	0	0	0	0									√
		B 产品			6	0	0	0	0	0									√
	管理费用				3	8	5	0	0	0									
	应付款											1	7	8	5	0	0	0	
附件 1 张	合计		¥	1	7	8	5	0	0	0	¥	1	7	8	5	0	0	0	

会计主管：　　　记账：　　　复核：　　　制单：张明

应付电费分配表

2019 年 6 月 10 日　　　　单位：元

分配对象		分配标准（机器工时）	分配率	耗用度数（度）	单价	金额
生产产品耗用	A 产品	20 000	0.4			8 000.00
	B 产品	15 000	0.4			6 000.00
	小计	35 000	0.4	40 000	0.35	14 000.00
车间一般耗费				5 000	0.35	1 750.00
厂部一般耗费				6 000	0.35	2 100.00
合计				51 000	0.35	17 850.00

主管：　　　审核：　　　制表：张明

5．将现金存入银行。

付　款　凭　证

贷方科目：库存现金　　　　2019 年 6 月 10 日　　　　银付字 10 号

摘　要	总账科目	明细科目	金额 百	十	万	千	百	十	元	角	分	记账
现金存入银行	银行存款					2	5	0	0	0	0	
		人民币户				2	5	0	0	0	0	
合　计　金　额					¥	5	0	0	0	0	0	

附件　张

会计主管：　　记账：　　复核：　　制单：张明　　出纳：

中国建设银行　现金交款单（回单）　①

2019 年 6 月 10 日

收款单位	全　称	新华公司		款项来源		多余现金
	账　号	265489111	开户银行	建设银行大河办事处	交款单位	新华公司

人民币（大写）	千	百	十	万	千	百	十	元	角	分
贰仟伍佰元整				¥	2	5	0	0	0	0

辅币	卷别	伍角	贰角	壹角	伍分	贰分	壹分	（银行盖章）
	张数							

主币	卷别	壹佰元	伍拾元	贰拾元	壹拾元	伍元	贰元	壹元	
	张数	20 张	8 张	5 张					收款员 复核

第一联　由银行盖章后退回单位

四、实验要求

根据上述资料，对记账凭证进行审核，指出所存在的问题。

五、实验设计

（1）实验过程中应审核记账凭证与原始凭证是否相符，项目填写是否齐全，会计科目名称、方向、金额等是否规范、正确。

（2）对记账凭证的审核，指导老师应向学生说明记账凭证审核的重要意义。

（3）实验时间约 1 个学时。

六、实验思考

（1）为什么要审核记账凭证？

（2）审核记账凭证的方法有哪些？

（3）审核记账凭证的内容有哪些？

实验五 日记账的登记

一、实验目的

通过实验，理解日记账的格式，掌握三栏式库存现金日记账和银行存款日记账的登记方法。

二、实验基础知识

（一）账簿的设置与登记

登记账簿是以会计凭证为依据，在账簿上连续地、系统地、全面地记录经济业务的专门方法。由于会计凭证对经济业务的记录是分散的，每一张记账凭证通常只反映一笔或性质相同的若干笔经济业务，不能把一个单位在某一时期内发生的全部经济业务全面地、连续地、系统地加以分类反映。因此，为了反映某单位在一定时期内发生的全部经济活动情况，并为编制会计报表提供依据，就必须在会计凭证的基础上设置和登记账簿。

各个单位的经济业务特点和管理要求不同，所设置的账簿也有所不同。企业设置的账簿按用途不同可分为序时账簿、分类账簿和备查账簿。

会计人员应根据准确无误的会计凭证登记会计账簿。登记会计账簿的基本要求是：

（1）登记账簿时，将会计凭证日期、编号、业务内容摘要、金额和其他有关资料逐项记入账内，做到数字准确、摘要清楚、登记及时、字迹工整。

（2）登记完毕后，要在记账凭证上签名或者盖章，并注明已经登账的符号，表示已经记账。

（3）账簿中书写的文字和数字应在账页格子上留有适当空间，不要写满格子，一般应占格距的1/2。

（4）登记账簿要用蓝黑墨水或者碳素墨水书写，不得使用圆珠笔（银行的复写账簿除外）或者铅笔书写。

（5）下列情况，可以用红色墨水记账：

①按红字冲账的记账凭证，冲销错误的记录。

②在不设借贷等栏的多栏式账页中，登记减少数。

③在三栏式账户的余额栏前，如未印明余额方向的，在余额栏内登记负数余额。

④根据国家统一会计制度的规定可以用红字登记的其他会计记录。

（6）各种账簿按页次顺序连续登记，不得跳行、隔页。如果发生跳行、隔页，应当将空行、空页划线注销，或者注明“此行空白”字样，并由记账人员签名或盖章。

（7）账户余额结出后，应在“借或贷”等栏内写明“借”或“贷”等字样，若无余额，应写“平”，并在余额栏内用“0”表示。

（8）一账页登记完毕结转下页时，应当结出本页合计数及余额，写在本页最后一行和下页第一行有关栏内，并在摘要栏注明“过次页”和“承前页”字样，也可以将本页合计数及金额只写在下页第一行有关栏内，并在摘要栏内注明“承前页”字样。

对需要结计本月发生额的账户，结计“过次页”的本页合计数应当为自本月初起至本页末止的发生额合计数；对需要结计本年累计发生额的账户，结计“过次页”的本页合计数应当为自年初起至本页末止的累计数；对既不需要结计本月发生额也不需要结计本年累计发生额的账户，可以只将每页末的余额结转次页。

（9）月末，应结出各账户的本月发生额及余额，在摘要栏注明“本月合计”或“本月发生额及余额”并在下面通栏划单红线。

（二）日记账的设置与登记

序时账簿又称日记账，是根据经济业务发生的时间先后顺序逐日、逐笔进行连续登记的账簿。日记账按其记录的经济业务的内容不同又可分为普通日记账和特种日记账。

在我国，为了加强货币资金的管理与监督，各单位一般应设置库存现金日记账和银行存款日记账。库存现金日记账和银行存款日记账是反映库存现金和银行存款收付业务的特种日记账，账页格式一般采三栏式和多栏式两种。

库存现金日记账和银行存款日记账应由出纳人员根据审核无误的收付款凭证，按经济业务发生的先后顺序逐日逐笔进行登记，并应做到“日清月结”，即每日终了，结出本日借贷方发生额及余额。其登记的方法如下：

（1）日期栏，根据有关凭证的日期登记。

（2）凭证号栏，登记所根据的收付款凭证的种类和编号填写。

（3）在摘要栏中简要说明经济业务的内容。一般根据凭证中的摘要栏。

（4）对方科目栏，登记对方科目的名称。一般根据凭证中的科目填写。

（5）收入栏，登记库存现金或银行存款收入的金额，根据收、付款凭证填写。

（6）支出栏，登记库存现金或银行存款支出的金额，根据付款凭证填写。

（7）结余栏，登记现金的余额。

三、实验资料

1. 公司 2019 年 5 月 1 ~ 20 日现金日记账、银行存款日记账登记汇总情况如表 2 - 1、表 2 - 2 所示。

表 2－1　库存现金日记账

2019 年		凭证		摘要	借方	贷方	余额
月	日	种类	号数				
5	21			1～20 日汇总	9 500.00	8 500.00	4 200.00

表 2－2　银行存款日记账

2019 年		凭证		摘要	借方	贷方	余额
月	日	种类	号数				
5	21			1～20 日汇总	635 000.00	515 050.00	4 619 950.00

2. 2019 年 5 月 21～31 日所发生的有关经济业务及原始凭证、记账凭证见实验三。

四、实验要求

根据实验三编制的有关收付款凭证，逐日逐笔登记现金日记账和银行存款日记账，并进行结账。

五、实验设计

（1）登记账簿前，指导老师应向学生强调账簿登记的基本要求，使学生能够按记账规则登记账簿。

（2）登记账簿前要求学生对编制的收付款凭证交换审核，以确保账簿登记的准确性。

（3）本实验需三栏式账页 2 张，分别开设现金日记账和银行存款日记账，并将 2019 年 5 月 1 ~20 日的汇总数抄到日记账上。

（4）实验时间大约需要 2 个学时。

六、实验思考

（1）为什么要设置和登记日记账？

（2）如何登记库存现金日记账和银行存款日记账？

（3）为什么要求日记账做到日清月结？

实验六　明细账的登记

一、实验目的

通过实验，掌握数量金额式明细账、三栏式明细账和多栏式明细账的登记方法。

二、实验基础知识

（一）明细账的设置

明细分类账簿简称明细账，它是根据明细分类账户开设账页进行明细分类登记的一种账簿，用以记录和反映各会计要素的详细情况。各单位应结合自己的经济业务特点和经营管理的要求，在总分类账的基础上设置若干明细分类账，作为总分类账的必要补充。一般来说，企业对重要的财产、物资、债权、债务、费用成本、收入等都应设置明细分类账，进行明细分类核算。

明细分类账一般采用活页式，也有少数采用卡片式。明细账的账页格式主要有三种：

1. 三栏式明细账

三栏式明细账账页设置借方、贷方、余额三栏，不设数量栏。它适用于只要求对经济业务的金额进行核算的明细账，如“应收账款”“应付账款”等账户的明细核算。

2. 数量金额式明细账

数量金额式明细账在借方（收入）、贷方（发出）、余额（结存）栏下分别设置数量、单价、金额三个小栏，以便同时提供货币信息和实物信息。它适用于既要求进行金额核算，又要求进行实物核算的财产物资明细账，如原材料、库存商品等账户的明细核算。

3. 多栏式明细分类账簿

多栏式明细账是根据管理的需要，在三栏式的基础上设置若干专栏，即在“借方”和“贷方”之下，再分别设置若干专栏，分栏登记各明细项目的发生额。它适用于成本、收入、费用及利润等类账户的明细分类核算，如生产成本、制造费用、管理费用等账户的明细账。以生产成本账户为例，在实际工作中，生产成本明细账就是在借方设置若干专栏以分别提供产品成本构成的资料。

明细分类账的登记，可以直接根据原始凭证、记账凭证逐笔登记，也可以根据汇总原始凭证逐日、定期汇总登记。

（二）平行登记

1. 总分类账和明细分类账的关系

总分类账是根据总分类科目开设，以货币为计量单位，概括地反映经济业务；明细分类账是根据明细分类科目开设的，以货币，实物为计量单位，详细地反映经济业务。总分类账户是所属明细分类账的总括，对所属明细分类账起着统驭和控制的作用。明细分类账是总分类账的明细记录，对总分类账起着补充说明的作用。因此，企业在会计核算中，除了设置总分类账外，还要设置相应的明细分类账。

2．总分类账和明细分类账的平行登记

通过总账和明细账之间的关系可以看出，总账和明细账所反映的对象和登记的依据是相同的，他们所提供的核算资料是互相补充、互相制约的。为了保证总分类账和明细分类账记录的正确、完整，总分类账和明细分类账的登记必须采用平行登记的方法。所谓平行登记，是指经济业务发生后，根据会计凭证，一方面要登记有关的总分类账户；另一方面要登记该总分类账户所属的各明细分类账户。平行登记有以下要点：

（1）同时登记。对每一项经济业务，在有关的总分类账户中进行登记的同时，要在有关的明细分类账户中进行明细登记。

（2）方向一致。对每项经济业务在登记总分类账和明细分类账时，其记账方向必须保持一致。如果在总分类账中登记的是借方，在其所属的明细分类账户中也登记在借方；如果在总分类账户中登记的是贷方，在其所属的明细分类账户中也应登记在贷方。

（3）依据相同。登记总分类账是以有关的会计凭证为依据，登记明细分类账，也必然以同一凭证为依据。

（4）金额相等。对每一项经济业务，记入总分类账户的金额与记入所属明细分类账中的金额之和必须相等。具体有：

总分类账户本期发生额 = 所属明细分类账户本期发生额合计

总分类账户期末余额 = 所属明细分类账户期末余额合计

（三）存货的盘存制度

存货的盘存制度有永续盘存制和实地盘存制两种。

永续盘存制也称账面盘存制，是平时对存货的增加和减少都要根据有关会计凭证逐日逐笔进行登记，并随时结出余额的一种存货盘存制度。采用这种方法，存货明细账按品种规格设置，在明细账中，除登记收、发、结存数量外，通常还要登记金额。

实地盘存制也称定期盘存制，是指会计期末通过对存货进行盘点，来确定存货数量，并据以计算出期末存货成本和本期发出存货成本的一种存货盘存制度。采用这种方法，平时只登记存货的增加数，不登记存货的减少数，期末通过盘点实物确定实存数，采用倒挤的方法，轧出存货的减少数。

三、实验资料

1．新华公司 2019 年 5 月 1 日，“应收账款——金福公司”明细账的余额为 450 000 元，“应收账款——宏大公司”的余额为 56 000 元，“应付账款——大发钢铁厂”的余额为 70 000 元。2019 年 5 月份发生的业务及有关凭证见实验三。

2．2019 年 5 月份，新华公司管理费用的发生情况及有关凭证见实验三。

3. 新华公司对原材料的日常核算按实际成本计价，并采用永续盘存制，原材料的发出成本和期末原材料成本，按移动加权平均法计算。原材料按品种设置明细账。2019 年 8 月初螺纹钢、线材、板材三种原材料明细分类账的余额情况如下表所示：

原材料明细分类账期初余额表

2019 年 8 月 1 日

品　种	计量单位	规　格	数　量	单　价	余　额
螺纹钢	吨	15 毫米	20	4 800.00	96 000.00
线材	吨	8 毫米	30	4 200.00	126 000.00
板材	吨	5 毫米	35	4 500.00	157 500.00
合　计					379 500.00

2019 年 8 月发生的有关原材料收发业务及原始凭证如下：

（1）2019 年 8 月 2 日，基本生产车间生产 A 产品领用螺纹钢 8 吨。

领　料　单

领料单位：生产车间

用　　途：A 产品　　　　2019 年 8 月 2 日　　　　No 23654

材料类别	材料名称及规格	计量单位	数量		单价	金额
			请领	实领		
原料及主要材料	15 毫米螺纹钢	吨	8	8		

第二联　记账联

记账：张明　　　　发料：陈洋　　　　领料：刘东

（2）2019 年 8 月 7 日，购入线材一批，验收入库。

四川省增值税专用发票

发 票 联

No　00362512

开票日期：2019 年 8 月 7 日

购买方	名　　称：新华公司 纳税人识别号：510402247896001 地 址 、电 话：新华街 36 号 0812－335088 开户行及账号：建设银行大河办事处　265489111					密码区	
货物及应税劳务名称	规格型号	单位	数量	单价	金　额	税率	税额
线材	8 毫米	吨	20	4 800. 00	96 000. 00	13%	12 480. 00
合计					¥96 000. 00		¥12 480. 00
价税合计（大写）	⊗壹拾万捌仟肆佰捌拾元整				（小写）	¥108 480. 00	
销售方	名　　称：大众钢铁厂 纳税人识别号：510402874654321 地 址 、电 话：望江路 18 号 0812－660033 开户行及账号：建设银行望江路办事处　236987654					备注	

收款人：杜文　　复核：刘海洋　　开票人：张凯　　销货方：（章）

第三联：发票联　购货方记账凭证

四川省增值税专用发票

抵 扣 联

No　00362512

开票日期：2019 年 8 月 7 日

购买方	名　　称：新华公司 纳税人识别号：510402247896001 地 址 、电 话：新华街 36 号 0812－335088 开户行及账号：建设银行大河办事处　265489111					密码区	
货物及应税劳务名称	规格型号	单位	数量	单价	金　额	税率	税额
线材	8 毫米	吨	20	4 800. 00	96 000. 00	13%	12 480. 00
合计					¥96 000. 00		¥12 480. 00
价税合计（大写）	⊗壹拾万捌仟肆佰捌拾元整				（小写）	¥108 480. 00	
销售方	名　　称：大众钢铁厂 纳税人识别号：510402874654321 地 址 、电 话：望江路 18 号 0812－660033 开户行及账号：建设银行望江路办事处　236987654					备注	

收款人：杜文　　复核：刘海洋　　开票人：张凯　　销货方：（章）

第二联：抵扣联　购货方抵扣凭证

中国建设银行转账支票存根

支票号码　6543587

附加信息

出票日期　2019 年 8 月 7 日

收款人	大众钢铁厂
金　额	￥108 480.00
用　途	购材料
备　注	

单位主管：　　　　会计：张明

材 料 入 库 单

新华公司　　　　2019 年 8 月 7 日　　　　单位：元

材料名称	规格	单位	数量	单价	金额	发货单位	
线材	8 毫米	吨	20	4 800.00	96 000.00	大众钢铁厂	
						合同号	450

第二联　记账联

财务主管：张洁　　供应科长：陈建　　验收：王宁　　采购员：李力

（3）2019 年 8 月 10 日，购入螺纹钢一批。

四川省增值税专用发票

发 票 联

No　00362534

开票日期：2019 年 8 月 10 日

购买方	名　　称：新华公司 纳税人识别号：510402247896001 地 址 、电 话：新华街 36 号 0812－335088 开户行及账号：建设银行大河办事处　265489111				密码区		
货物及应税劳务名称	规格型号	单位	数量	单价	金　额	税率	税额
螺纹钢	15 毫米	吨	40	4 600. 00	184 000. 00	13%	23 920. 00
合计					¥184 000. 00		¥23 920. 00
价税合计（大写）	⊗贰拾万柒仟玖佰贰拾元整				（小写）　¥207 920. 00		
销售方	名　　称：长红钢铁厂 纳税人识别号：510402897635221 地 址 、电 话：望江路 63 号 0812－660228 开户行及账号：建设银行望江路办事处　568474125				备注		

收款人：陈晓斌　　复核：张文雯　　开票人：陈阳　　销货方：（章）

第三联：发票联　购货方记账凭证

四川省增值税专用发票

抵 扣 联

No　00362534

开票日期：2019 年 8 月 10 日

购买方	名　　称：新华公司 纳税人识别号：510402247896001 地 址 、电 话：新华街 36 号 0812－335088 开户行及账号：建设银行大河办事处　265489111				密码区		
货物及应税劳务名称	规格型号	单位	数量	单价	金　额	税率	税额
螺纹钢	15 毫米	吨	40	4 600. 00	184 000. 00	13%	23 920. 00
合计					¥184 000. 00		¥23 920. 00
价税合计（大写）	⊗贰拾万柒仟玖佰贰拾元整				（小写）　¥207 920. 00		
销售方	名　　称：长红钢铁厂 纳税人识别号：510402897635221 地 址 、电 话：望江路 63 号 0812－660228 开户行及账号：建设银行望江路办事处　568474125				备注		

收款人：陈晓斌　　复核：张文雯　　开票人：陈阳　　销货方：（章）

第二联：抵扣联　购货方抵扣凭证

材料入库单

新华公司　　2019 年 8 月 10 日　　单位：元

材料名称	规格	单位	数量	单价	金额	发货单位	
螺纹钢	15 毫米	吨	40	4 600.00	184 000.00	长红钢铁厂	
						合同号	450

第二联　记账联

财务主管：　　供应科长：陈建　　验收：王宁　　采购员：李力

（4）2019 年 8 月 10 日，基本生产车间领用线材一批。

领　料　单

领料单位：生产车间

用　途：A 产品　　2019 年 8 月 10 日　　No 23654

材料类别	材料名称及规格	计量单位	数量		单价	金额
			请领	实领		
原料及主要材料	8 毫米线材	吨	8	8		

第二联　记账联

记账：张明　　发料：陈洋　　领料：陈江

（5）2019 年 8 月 15 日，购入钢板一批。

四川省增值税专用发票

发票联

No　00362510

开票日期：2019 年 8 月 15 日

购买方	名　称：新华公司 纳税人识别号：510402247896001 地 址 、电 话：新华街 36 号 0812－335088 开户行及账号：建设银行大河办事处　265489111				密码区		
货物及应税劳务名称	规格型号	单位	数量	单价	金　额	税率	税额
钢板	5 毫米	吨	20	4 600.00	92 000.00	13%	11 960.00
合计					¥92 000.00		¥11 960.00
价税合计（大写）	⊗壹拾万叁仟玖佰陆拾元整				（小写）¥103 960.00		
销售方	名　称：长红钢铁厂 纳税人识别号：510402897635221 地 址 、电 话：望江路 63 号 0812－660228 开户行及账号：建设银行望江路办事处　568474125				备注		

第三联：发票联　购货方记账凭证

收款人：陈晓斌　　复核：张文雯　　开票人：陈阳　　销货方：（章）

四川省增值税专用发票

抵扣联

No 00362510

开票日期：2019 年 8 月 15 日

购买方	名 称：新华公司 纳税人识别号：510402247896001 地 址 、电 话：新华街 36 号 0812－335088 开户行及账号：建设银行大河办事处 265489111				密码区		
货物及应税劳务名称	规格型号	单位	数量	单价	金 额	税率	税额
钢板	5 毫米	吨	20	4 600.00	92 000.00	13%	11 960.00
合计					¥92 000.00		¥11 960.00
价税合计（大写）	⊗壹拾万叁仟玖佰陆拾元整				（小写） ¥103 960.00		
销售方	名 称：长红钢铁厂 纳税人识别号：510402897635221 地 址 、电 话：望江路 63 号 0812－660228 开户行及账号：建设银行望江路办事处 568474125				备注		

收款人：陈晓斌　　复核：张文雯　　开票人：陈阳　　销货方：（章）

第二联：抵扣联 购货方抵扣凭证

中国建设银行电汇凭证（回单）

2019 年 8 月 15 日

付款人	全称	新华公司			收款人	全称	长红钢铁厂		
	账号	265489111				账号	568474125		
	汇出地点	四川省攀枝花市	汇出行名称	建银大河办事处		汇入地点	四川成都市	汇入行名称	建行望江办事处
汇入金额	人民币（大写） 壹拾万叁仟玖佰陆拾元整								

千	百	十	万	千	百	十	元	角	分
	¥	1	0	3	9	6	0	0	0

汇款用途	购板材
上列款项已根据委托办理，如需查询，请持此回单来行面洽。	汇出银行盖章： 2019 年 8 月 15 日
单位主管　会计　复核　记账	

此联是银行交给汇款人的回单

材料入库单

新华公司　　2019 年 8 月 15 日　　单位：元

材料名称	规格	单位	数量	单价	金额	发货单位	
板材	5 毫米	吨	20	4 600.00	92 000.00	长红钢铁厂	
						合同号	563

第二联 记账联

财务主管：张洁　　供应科长：陈建　　验收：王宁　　采购员：李力

（6）2019 年 8 月 18 日，基本生产车间领用螺纹钢一批。

领　料　单

领料单位：生产车间

用　　途：A 产品　　2019 年 8 月 18 日　　No 25897

材料类别	材料名称及规格	计量单位	数量		单价	金额
			请领	实领		
原料及主要材料	15 毫米螺纹钢	吨	5	5		

第二联 记账联

记账：张明　　发料：陈洋　　领料：刘东

（7）2019 年 8 月 22 日，生产 B 产品领用板材一批。

领　料　单

领料单位：

用　　途：A 产品　　2019 年 8 月 22 日　　No 26321

材料类别	材料名称及规格	计量单位	数量		单价	金额
			请领	实领		
原料及主要材料	5 毫米板材	吨	10	10		

第二联 记账联

记账：张明　　发料：陈洋　　领料：王微

四、实验要求

（1）根据资料1、资料2登记“应收账款”和“管理费用”所属的明细账。

（2）根据资料3的有关业务及原始凭证编制记账凭证。

（3）根据记账凭证及收发料原始凭证登记“原材料”总分类账及所属明细分类账，并进行结账。

（4）编制“原材料”明细分类账户本期发生额及余额表，核对“原材料”总分类账户与所属明细分类账户是否相符。

五、实验设计

（1）实验前，老师应给学生复习与该实验有关的基础知识。

（2）在实验中应根据发出存货的计价方法，确定发出存货的成本，并把“领料单”的内容补充完整。

（3）本实验需要付款凭证2张，转账凭证5张，三栏式账页4张，多栏式账页1张，数量金额式账页3张。

（4）本实验大约需要4个学时。

六、实验思考

（1）企业如何确定所设置的明细账的数量？

（2）明细账的账页格式有哪些？其适用范围分别是什么？

（3）总分类账与明细分类账的关系如何？平行登记的要点有哪些？

（4）永续盘存制和实地盘存制各有哪些优缺点？

实验七　错账的更正

一、实验目的

通过本实验，熟练掌握错账的更正方法，以加深对课堂所学知识的理解。

二、基础知识

（一）错账查找方法

会计人员在记账过程中，会发生各种各样的差错。产生差错的原因可能是重记、漏记、数字颠倒、数字错位、数字记错、科目记错、借贷方向记反等，从而影响会计信息的正确性，如发现差错，会计人员应及时查找并予以更正。查找错账的方法有两种：抽查法和详查法。

1．抽查法

抽查法又称个别检查法，是针对错账的数字来进行检查的方法。具体又分为差数法、除2法和除9法三种。

（1）差数法。差数法是根据账户借方发生额的合计数与贷方发生额合计数之间的差额来查找错账的一种方法。如果登记某项经济业务时，只登记了一方（借方或贷方）金额，或者在计算账户余额时漏算了某项经济业务的一方（借方或贷方），就会导致不平衡，其差数金额应该是被遗漏项目的金额。如果差数金额在借方，说明贷方金额有遗漏；反之，如果差数金额在贷方，说明借方金额有遗漏。这种办法可以有效发现漏记错误。

（2）除2法。除2法即首先将差数用2来除尽，有可能是一方重复记录的错误，且商数就可能是重记的数字。因为如果记账记错了方向，如应记贷方的，记成了借方或者相反，就使一方的合计数加大，而另一方面的合计数减少，其差数正好是记错了方向数字的一倍。例如，已查明，借方合计数大于贷方合计数420元，除以2得210。这时就可查找有无一笔210元的贷方记录被错记为借方记录。

（3）除9法。除9法即先将差数用9来除，如果能除尽，可能属于下列两种情况之一。

①顺序错位。例如，将300写成3 000或30 000、30以及3等，这样就将原来数字扩大或缩小了9倍、99倍等。因此，如果差数能被9、99以及999等除尽，则所除得的商数就是错位的数字。根据商数或者将商数扩大或者缩小10倍、100倍、1 000倍等之后，就能查找到写错的数字。例如，已查明，借方合计数大于贷方合计数2 700，用9来除商数为300倍，这时就查有无一笔3 000的贷方记录错记为300。

②相邻两个数字颠倒。例如，将98写成89，将345写成354或者435等等，这种错误包括以下两种情况：一种情况是两位数的两个数字颠倒，其差数都是9的倍数，

被9除以后的商数正好等于这个两位数中的两个数字的差额。例如，把98颠倒为89，其数为9（98-89），差数除以9所得商数为1，颠倒的两个数字之差也为1；又如，把13颠倒为31，其差数为18，18除以9所得商数为2，颠倒的两个数字之差也为2。第二种情况是三位及三位以上的数中相邻两个数字顺序颠倒。正确数与错误数的差数额也是9的倍数，被9除后的商数首位数字以下的数字都是0，且商数的首位数字正好等于颠倒的两个数字之差。由此我们可以得出如下结论：三位及三位以上的数中，相邻两个数字颠倒，其差数被9除以后，若得到商数是两位数，个位是0，则这个数的百位与十位颠倒；若得到商数是三位数，个位与十位均为0，则是这个数中的千位与百位颠倒，由此类推。例如，经查明，借方合计数大于贷方合计数630，除以9商数为70，则查记账金额中是否有一笔三位或三位以上的数中百位与十位数弄颠倒了。

2. 详查法

详查法即全面检查，是对一定时期的账目进行全面核对的检查方法。当用抽查法仍不能找出错误所在时，就可考虑采用这种办法。详查法可以分为顺查法和逆查法两种。

（1）顺查法。顺查法是指按照记账顺序，从原始凭证开始，逐步查到账户发生额及余额试算平衡表为止。首先，核查记账凭证是否与所附原始凭证相符，凭证中数字与合计的计算有无差错。其次，将记账凭证及所附原始凭证与有关总分类账、明细分类账及日记账逐笔进行核对，检查有无漏记、重记及错记等情况。最后，检查账户发生额及余额试算表的抄写是否正确，计算是否正确。

（2）逆查法。逆查法是指按照记账的相反顺序，从账户发生额及余额试算平衡表开始，一直查到原始凭证为止。首先，核算账户发生额及余额试算平衡表中的数字及抄写是否正确；其次，逐笔核对有关账簿记录与记账凭证是否相符；最后，核查记账凭证与所附原始凭证是否相符。

（二）更正错账的方法

在记账过程中，由于种种原因难免出现错误。对于账簿记录中的错误，不得任意刮擦、挖补、涂改或用褪色药水等方法更改字迹，应根据错误的性质和具体情况按正确的方法进行更正。更正错账的方法主要有三种。

1. 划线更正法

在结账之前，如果发现账簿记录有误，但记账凭证正确，即纯属过账时笔误，可以采用划线更正法更正。更正时先在错误的文字或数字上划红线以示注销，但必须使原有的字迹可辨认。然后将正确的文字或数字用蓝（黑）笔写在原文字或数字的上端，并由记账人员在更正处盖章，以明确责任。对于错误的数字，应当全部划红线更正，不得只更正其中的错误数字。对于文字错误，可只划去错误的部分。

2. 红字更正法

红字更正法适用于两种情况：一种是在记账后，发现记账凭证中的应借、应贷科目有误或金额和科目同时出现错误。另一种情况是记账以后，发现记账凭证和账簿中所记金额大于应记金额，而应借、应贷的会计科目并无错误。

对于第一种情况的错误，更正方法是：先用红字金额填制一张与原错误记账凭证内容相同的凭证，在摘要栏内注明“更正××号凭证的错误”，并据以用红字登记入账，以冲销原有的错误记录。然后用蓝字填制一张正确的记账凭证，重新登账。

对于第二种情况的错误，只需将多记金额用红字按原分录的账户对应关系编制一张记账凭证，在摘要栏内注明“冲销××号凭证的错误”，并据以登记入账即可。

3．补充登记法

如果记账后发现记账凭证中账户的对应关系正确，但所记金额小于应记金额时，采用补充登记法。更正时，只需将少记金额编制一张与原记账凭证账户对应关系相同的记账凭证，在摘要栏注明“补充××号凭证的错误”，据以登记入账。

三、实验资料

新华公司2019年8月份有四笔经济业务的原始凭证、记账凭证及账簿的登记情况如下：

1．2019年8月5日，生产A产品领用螺纹钢。

领　料　单

领料单位：生产车间

用　　途：A产品　　　　2019年8月5日　　　　No 23654

材料类别	材料名称及规格	计量单位	数量		单价	金额
			请领	实领		
原料及主要材料	15毫米螺纹钢	吨	6	6	2 550.00	15 300.00
合计			6	6		15 300.00

第二联　记账联

记账：张明　　　　发料：陈洋　　　　领料：陈江

转　账　凭　证

2019年8月5日　　　　转字2号

摘　　要	科目名称		借方金额								贷方金额								记账符号
	总账科目	明细科目	十	万	千	百	十	元	角	分	十	万	千	百	十	元	角	分	
领用材料	制造费用	A产品		1	3	5	0	0	0	0									√
	原材料	螺纹钢										1	3	5	0	0	0	0	√
附件1张	合计		¥	1	3	5	0	0	0	0	¥	1	3	5	0	0	0	0	

会计主管：陈伟　　　　记账：张明　　　　复核：张琴　　　　制单：张明

2．2019 年 8 月 8 日，以现金购买办公用品。

四川增值税普通发票

发 票 联

No　23564822

开票日期：2019 年 8 月 8 日

购买方	名称：新华公司 纳税人识别号：510402247896001 地址、电话：新华街 36 号 0812－335088 开户行及账号：建设银行大河办事处 265489111				密码区			
货物或应税劳务、服务名称	规格型号	单位	数量	单价	金额	税率	税额	
印纸		箱	2	300.00	600.00	3%	18.00	
合　　计					¥600.00		¥18.00	
价税合计（大写）	⊗陆佰壹拾捌元整				（小写）¥618.00			
销售方	名称：博辉文具用品店 纳税人识别号：510402147856012 地址、电话：新源路 2 号 0812－223088 开户行及账号：建设银行临江办事处 565478911				备注			

第二联：发票联　购货方记账凭证

收款人：李想　　复核：向文名　　开票人：李然　　销货方：（章）

付 款 凭 证

贷方科目：库存现金　　2019 年 8 月 8 日　　现付字 5 号

摘　　要	总账科目	明细科目	金额									记账
			百	十	万	千	百	十	元	角	分	
支付办公用品费（印纸）	管理费用	办公费					1	6	8	0	0	
合　计　金　额						¥	1	6	8	0	0	

附件 1 张

会计主管：陈伟　　记账：张明　　复核：张琴　　制单：张明　　出纳：张琴

3. 2019 年 8 月 10 日，职工李花出差借款。

借　款　单

2019 年 8 月 10 日

工作单位	姓名	借款金额	批准金额	备注
供应科	李花	¥2 300.00	¥2 300.00	
人民币（大写）　贰仟叁佰元整				
借款理由	采购商品			

批准人：　　审核　　借款人：李花　　经办人：

付　款　凭　证

贷方科目：库存现金　　2019 年 8 月 10 日　　现付字 6 号

摘　要	总账科目	明细科目	金额									记账
			百	十	万	千	百	十	元	角	分	
职工预借差旅费	其他应收款	李花				3	2	0	0	0	0	
合　计　金　额					¥	3	2	0	0	0	0	

附件 1 张

会计主管：陈伟　　记账：张明　　复核：张琴　　制单：张明　　出纳：张琴

4. 2019 年 8 月 15 日，销售废料一批。

四川增值税普通发票

记 账 联

No 23654834

开票日期：2019 年 8 月 15 日

购买方	名称：兴业收购站 纳税人识别号：510402241236017 地址、电话：新华街 36 号 0812 - 335088 开户行及账号：建设银行大河办事处 265489111				密码区			
货物或应税劳务、服务名称	规格型号	单位	数量	单价	金额	税率	税额	
废铁		千克	1 200	1.00	1 200.00	13%	156.00	
合　计					¥1 200.00		¥156.00	
价税合计（大写）	⊗壹仟叁佰伍拾陆元整					（小写）¥1 356.00		
销售方	名称：新华公司 纳税人识别号：510402247896001 地址、电话：新华街 36 号 0812 - 335088 开户行及账号：建设银行大河办事处 265489111				备注			

第一联：记账联 销货方记账凭证

收款人：李华　　复核：王珂　　开票人：刘玉成　　销货方：（章）

收 款 凭 证

借方科目：库存现金　　2019 年 8 月 15 日　　现收字 10 号

摘要	总账科目	明细科目	百	十	万	千	百	十	元	角	分	记账
销售废铁一批	其他业务收入					1	2	0	0	0	0	
	应交税费	应交增值税（销项税）					1	5	6	0	0	
合　计　金　额					¥	1	3	5	6	0	0	

附件 1 张

会计主管：陈伟　　记账：张明　　复核：张琴　　制单：张明　　出纳：张琴

总分类账户

科目：制造费用

2019年		凭证号数	摘　要	借方									贷方									借或贷	余额								
月	日			百	十	万	千	百	十	元	角	分	百	十	万	千	百	十	元	角	分		百	十	万	千	百	十	元	角	分
9	5	转字	领用材料			1	3	5	0	0	0	0																			

总分类账户

科目：原材料

2019年		凭证号数	摘　要	借方									贷方									借或贷	余额								
月	日			百	十	万	千	百	十	元	角	分	百	十	万	千	百	十	元	角	分		百	十	万	千	百	十	元	角	分
9	1		期初余额																			借		1	0	0	0	0	0	0	0
9	5		生产领用材料												1	3	5	0	0	0	0	借			8	6	5	0	0	0	0

总分类账户

科目：管理费用

2019年		凭证号数	摘　要	借方									贷方									借或贷	余额								
月	日			百	十	万	千	百	十	元	角	分	百	十	万	千	百	十	元	角	分		百	十	万	千	百	十	元	角	分
9	8		承前页				2	0	0	0	0	0																			
9	8	现付字 5 号	购买办公用品					1	6	8	0	0																			

总分类账户

科目：库存现金

2019年		凭证号数	摘要	借方									贷方									借或贷	余额								
月	日			百	十	万	千	百	十	元	角	分	百	十	万	千	百	十	元	角	分		百	十	万	千	百	十	元	角	分
9	1		期初余额																			借				4	1	0	0	0	0
		现付字5号	购买办公用品														1	6	8	0	0	借				3	9	3	2	0	0
	10	现付字6号	职工借差旅费													3	2	0	0	0	0	借					7	3	2	0	0
	15	现收字10号	销售废料一批				3	1	5	6	0	0										借				3	9	2	4	0	0

总分类账户

科目：其他应收款

2019年		凭证号数	摘要	借方									贷方									借或贷	余额								
月	日			百	十	万	千	百	十	元	角	分	百	十	万	千	百	十	元	角	分		百	十	万	千	百	十	元	角	分
9	1		期初余额																			借				1	2	0	0	0	0
	10		职工出差借款				3	2	0	0	0	0										借				4	4	0	0	0	0

总分类账户

科目：其他业务收入

2019年		凭证号数	摘要	借方									贷方									借或贷	余额								
月	日			百	十	万	千	百	十	元	角	分	百	十	万	千	百	十	元	角	分		百	十	万	千	百	十	元	角	分
9	3		收取租金													4	0	0	0	0	0										
	15	现收字10号	销售废料一批													3	1	5	6	0	0										

四、实验要求

根据上述资料，采用正确的方法对错账进行更正。

五、实验设计

（1）实验前，指导老师应让学生复习错账更正方法的有关知识，使学生能用正确的方法进行更正。

（2）实验中，要对每笔经济业务的原始凭证与记账凭证，记账凭证与账簿记录进行核对，指出存在的错误，说明应采用的更正方法，并进行更正。

（3）实验需要转账凭证 2 张，付款凭证 2 张。

（4）实验时间需要 2 个学时。

六、实验思考

（1）错账更正方法有哪些？其适用范围分别是什么？

（2）在单位中，若发现错账，可以采用哪些方法查找？

实验八　银行存款余额调节表的编制

一、实验目的

通过实验，掌握银行存款清查及银行存款余额调节表的编制方法。

二、实验基础知识

银行存款的清查，是采用单位的银行存款日记账与开户银行提供的“银行对账单”相核对的方法。核对前，应把所有银行存款的收、付业务登记入账。如果通过核对发现双方账目不一致，原因主要有两个：一是存在错账、漏账，对于这种情况应及时查明原因，并予以更正；二是存在未达账项。

未达账项是指企业与银行之间，由于凭证的传递时间不一致，而导致的一方已接到有关结算凭证并已登记入账，而另一方由于尚未接到有关结算凭证尚未入账的款项。未达账项一般有以下四种情况：

（1）企业存入的款项，已作存款增加入账，但银行尚未入账；

（2）企业开出支票或其他付款凭证，已作存款减少入账，但银行尚未入账；

（3）委托银行代收的款项，银行已作为单位存款增加入账，但单位尚未入账；

（4）银行直接代付的款项，银行已作为单位存款减少入账，但单位尚未入账。

上述任何一种未达账项的发生，都会造成企业银行存款账面余额与银行对账单余额。对于未达账项，应编制“银行存款余额调节表”进行调节。

编制“银行存款余额调节表”，一般是在双方账面余额的基础上，分别补记对方已记而本方未记的账面金额，然后验证调节后的双方是否相符。其格式如下：

银行存款余额调节表

币种：　　　　　　开户银行：　　　　　　账号：　　　　　　　　　年　月　日

银行对账单	金额	银行存款日记账	金额
银行对账单余额		银行存款日记账余额	
加：企业已收、银行尚未入账金额		加：银行已收、企业尚未入账金额	
其中：1.		其中：1.	
2.		2.	
减：企业已付、银行尚未入账金额		减：银行已付、企业尚未入账金额	
其中：1.		其中：1.	
2.		2.	
调整后银行对账单余额		调整后企业银行存款日记账余额	

需要注意的是，由于上述未达账项不是错账、漏账，不能根据调节表所列金额立即记账，而应当在收到有关收付款通知之后，才能据以编制记账凭证，登记入账。

三、实验资料

新华公司2019年8月份银行存款日记账和银行对账单上的记录如下：

中国建设银行攀枝花分行对账单

账号：26548911　　　　单位名称：新华公司　　　　第　页

2019 年 月	日	摘要	凭证号	借方	贷方	余额
11	1	期初余额				120 000. 00
11	2	取得短期贷款	#4230		100 000. 00	
11	3	提取现金	#2547	2 000. 00		
11	8	购入材料一批	#3654	52 000. 00		
11	10	支付广告费	#5641	5 000. 00		
11	12	销售产品	#2458		70 200. 00	
11	15	购买办公用品	#4521	1 000. 00		
11	16	支付借款利息	#2544	1 600. 00		
11	18	支付材料款	#2145	32 000. 00		
11	20	预收货款	#2354		30 000. 00	
11	25	购买设备	#4565	70 000. 00		
11	28	销售产品	#5214		20 000. 00	
11	29	提取现金	#3625	1 500. 00		
11	30	支付水电费	#6547	3 000. 00		

银行存款日记账

2019 年 月	日	摘要	凭证号	借方	贷方	余额
11	1	期初结存				120 000. 00
11	2	取得短期贷款	#4230	100 000. 00		
11	3	提取现金	#2547		2 000. 00	
11	5	预付货款	#3352		30 000. 00	
11	8	购入材料一批	#3654		52 000. 00	
11	10	支付广告费	#5641		5 000. 00	
11	12	销售产品	#2458	70 200. 00		
11	15	购买办公用品	#4521		1 000. 00	
11	18	支付材料款	#2145		32 000. 00	
11	20	预收货款	#2354	30 000. 00		
11	25	购买设备	#4565		70 000. 00	
11	27	收取销货款	#3458	26 000. 00		
11	29	提取现金	#3625		1 500. 00	
11	29	支付保险费	#3981		5 000. 00	

四、实验要求

将银行存款日记账和银行对账单进行核对，找出未达账项，并编制银行存款余额调节表。

五、实验设计

（1）实习指导老师应向学生强调造成未达账项的四种原因。

（2）实验中，学生要将银行存款日记账与银行对账单的凭证号数核对，找出未达账项。

（3）实验时间大约需 1 个学时。

六、实验思考

（1）对银行存款进行清查有何重要意义？

（2）未达账项产生的原因是什么？其种类有哪些？

实验九　科目汇总表账务处理程序

一、实验目的

通过实验，进一步理解账务处理程序的概念，掌握科目汇总表的编制及科目汇总表账务处理程序的核算流程。

二、实验基础知识

（一）总分类账的设置与登记

总分类账是根据总分类账户分类登记全部经济业务的账簿。一般按一级会计科目的编码顺序分设账户，并为每一个账户预留若干账页。总分类账户采用订本式，账页格式一般采用借方、贷方、余额三栏式，也可采用多栏式。

总分类账的登记，可以根据记账凭证逐笔登记，也可以根据汇总记账凭证或科目汇总表汇总登记。但不管采用什么形式，月终都要在全部经济业务登记完了后，结出各账户的本期发生额和期末余额。

（二）会计核算形式

会计核算形式也称账务处理程序，是指会计凭证组织、账簿组织和记账程序相互结合的方式。

会计凭证组织是指会计凭证的种类、格式和各种凭证之间的相互关系。会计账簿组织是指会计账簿的种类、格式和各种账簿之间的相互关系。记账程序是指凭证的填制、账簿的登记以及根据账簿编制会计报表的顺序。

我国常用的账务处理程序主要有三种：①记账凭证账务处理程序；②科目汇总表账务处理程序；③汇总记账凭证账务处理程序。上述账务处理程序的主要区别在于登记总账的依据和方式的不同。

科目汇总表账务处理程序是指根据各种记账凭证先定期（或月末一次）按会计科目编制科目汇总表，然后根据科目汇总表登记总分类账，并定期编制会计报表的账务处理程序。

科目汇总表账务处理程序核算流程如图 2－1 所示：

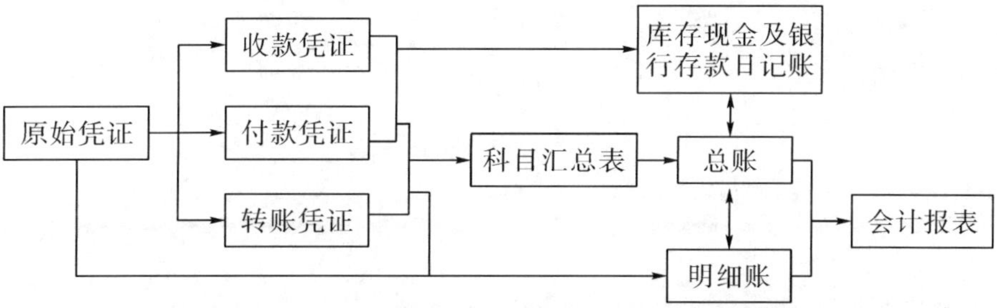

图 2-1　科目汇总表账务处理程序核算流程图

科目汇总表是根据记账凭证汇总编制而成的。其基本编制方法是：根据一定会计期间的全部记账凭证，按照相同会计科目进行归类，定期汇总每一个账户的借、贷双方的发生额，并将其填列在科目汇总表的相应栏内，借以反映全部账户的借、贷方发生额。根据科目汇总表登记总分类账时，只需要将该表中汇总起来的各科目的本期借、贷方发生额的合计额，分次或月末一次记入相应总分类账户的借方或贷方即可。

采用科目汇总表账务处理程序的优点是：可以进行减少登记总账的工作量；可以利用汇总的结果进行发生额试算平衡，借以检查账户发生额的准确性，从而在一定程度上保证总分类账登记的准确性。其缺点是：不能够清晰地反映账户之间的对应关系。

科目汇总表账务处理程序一般适用于业务量大，记账凭证较多的单位。

三、实验资料

1. 新华公司 2019 年 5 月初有关账户的期初余额如表 2-3 所示。

表 2-3　总分类账期初余额

账户名称	借方余额	账户名称	贷方余额
库存现金	3 200.00	短期借款	800 000.00
银行存款	4 500 000.00	应付账款	404 000.00
应收账款	170 000.00	应付职工薪酬	60 000.00
其他应收款	750.00	应交税费	300 000.00
原材料	1 080 000.00	实收资本	13 100 000.00
库存商品	2 670 000.00	盈余公积	300 850.00
生产成本	290 000.00	本年利润	315 600.00
预付账款	250 000.00	利润分配	200 000.00
固定资产	10 316 500.00	累计折旧	3 800 000.00
合计	19 280 450.00	合计	19 280 450.00

2. 该公司2019年5月1～10日的科目汇总表见表2-4；2019年5月11～20日的科目汇总表见表2-5。

3. 该公司2019年5月21～31日发生的经济业务见实验三。

表2-4　科目汇总表

2019年5月1～10日

会计科目	本期发生额		过账
	借方	贷方	
库存现金	4 500.00	3 000.00	
银行存款	346 000.00	250 000.00	
应收账款	122 500.00	70 000.00	
原材料	190 000.00		
材料采购	190 000.00	190 000.00	
短期借款		38 000.00	
应付账款	51 000.00	65 000.00	
应交税费	25 000.00	42 000.00	
制造费用	8 000.00		
主营业务收入		305 000.00	
销售费用	6 000.00		
管理费用	20 000.00		
合计	963 000.00	963 000.00	

表2-5　科目汇总表

2019年5月11～20日

会计科目	本期发生额		过账
	借方	贷方	
库存现金	5 000.00	5 500.00	
银行存款	289 000.00	265 050.00	
应收账款	120 000.00	110 000.00	
原材料	105 000.00		
材料采购	125 000.00	105 000.00	
固定资产	90 000.00	50 000.00	
短期借款	50 000.00	65 000.00	
应付账款	43 350.00	53 000.00	
应交税费	21 250.00	43 350.00	
制造费用	75 000.00		
主营业务收入		256 200.00	
销售费用	4 500.00		
管理费用	25 000.00		
合计	953 100.00	953 100.00	

四、实验要求

（1）开设总账分类账户并登记期初余额。

（2）根据公司 2019 年 5 月 21 ~31 日的记账凭证编制科目汇总表。

（4）根据该月份的科目汇总表登记总账，并进行结账。

五、实验设计

（1）各总分类账户根据科目汇总表每 10 天汇总登记一次。

（2）月末结账后，应进行试算平衡，检查总分类账登记是否正确。

（3）实验时间约需 4 个学时。

（4）实验需三栏式总分类账页大约 40 张，科目汇总表 2 张。

六、实验思考

（1）科目汇总表账务处理程序的优缺点有哪些？

（2）科目汇总表账务处理程序的适用范围是什么？

实验十　会计报表的编制

一、实验目的

通过实验，学生能理解资产负债表和利润表的结构及其编制原理，并掌握其编制方法。

二、实验基础知识

会计报表是以日常会计核算资料为主要依据编制的，用以总括反映会计主体在一定时期的财务状况和经营成果的书面报告。编制会计报表是会计核算的一种专门方法，也是会计工作的一项重要内容。

（一）资产负债表

1．资产负债表的结构

资产负债表是总括反映企业某一特定日期财务状况的会计报表。它主要是列示企业在某一时点的资产、负债、所有者权益及其相互关系等财务状况信息的一张会计报表，属于企业静态会计报表。

资产负债表由表首、正表两部分构成。资产负债表的表首说明报表的名称、编制单位、编制日期、报表编号、货币单位、计量单位。正表是资产负债表的主要构成部分，列示企业的资产、负债及所有者权益项目。

资产负债表的格式一般有两种：账户式和报告式。账户式资产负债表采用左右对称排列的方式列示有关信息，即左边列示资产，右边列示负债和所有者权益。报告式是采用上下结构，上半部列示资产，下半部列示负债和所有者权益。不管采用哪种格式，资产各项目的合计都应等于负债和所有者的合计数。在我国，资产负债表采用账户式。

在资产负债表中，资产按其流动性大小排列，分别列示流动资产和非流动资产；负债按照偿还期限由近到远排列，分别列示流动负债和非流动负债；所有者权益按其永久性抵减的顺序，分别列示实收资本、资本公积、盈余公积和未分配利润。

2．资产负债表的填列方法

资产负债表将以上的各项目分为“年初数”和“期末数”两栏。“年初数”栏内各项目数字，应根据上年年末资产负债表“期末数”栏内所列数字填列。“期末数”是指某一会计期末的数字，即月末、季末、半年末和年末的数字。资产负债表各项目“期末数”栏内的数字，可通过以下几种方式填列：

（1）直接根据总账账户期末余额填列

资产负债表上的一些项目可根据总账账户的期末余额直接填列。如“交易性金融资产”“应收股利”“短期借款”“应付票据”“其他应付款”“应付职工薪酬”“应交税费”“应付股利”“实收资本”“资本公积”“盈余公积”等项目。

（2）根据若干总账账户期末余额计算填列

资产负债表中有些项目应根据若干个总账账户期末余额的合计数填列。如“货币资金”项目，应根据“库存现金”“银行存款”“其他货币资金”账户期末余额相加后填列；“存货”项目，应根据“材料采购”（或“在途物资”）、“原材料”“包装物”“低值易耗品”“委托加工材料”“自制半成品”“库存商品”“生产成本”等账户期末余额合计数填列，若原材料或库存商品采用计划成本核算，还应加上或减去材料成本差异后的金额填列。

（3）根据有关总账所属明细账的期末余额分析计算填列

资产负债表中有些项目应根据有关总账所属明细账的期末余额计算分析填列，主要包括以下项目：

“应收账款”项目 = “应收账款”明细账借方余额 + “预收账款”明细账借方余额

“预付账款”项目 = “预付账款”明细账借方余额 + “应付账款”明细账借方余额

“应付账款”项目 = “应付账款”明细账贷方余额 + “预付账款”明细账贷方余额

“预收账款”项目 = “预收账款”明细账贷方余额 + “应收账款”明细账贷方余额

（4）根据总账账户和明细账账户余额分析计算填列

资产负债表中某些项目需要根据总账账户和明细账账户余额分析填列。如“长期借款”项目，需要根据“长期借款”总账期末余额，扣除“长期借款”总账所属明细账中反映的将于一年内到期的长期借款部分，分析计算填列。

（5）根据有关账户余额减去其备抵账户余额后的净额填列

“应收账款”项目是用“应收账款”账户和“预收账款”账户所属明细账的期末借方余额合计，减去“坏账准备”余额后的净额填列；“固定资产”项目是用“固定资产”账户余额减去“累计折旧”和“固定资产减值准备”账户余额后的净额填列。

（二）利润表

1. 利润表的结构

利润表是反映企业在一定会计期间经营成果的会计报表，主要提供有关企业经营成果方面的信息，属于动态会计报表。

利润表一般有表首、正表两部分。其中，表首包括报表名称、编制单位、编制日期、报表编号、货币名称、计量单位等；正表反映形成经营成果的各个项目和计算过程。

利润表结构可分为单步式和多步式两种。单步式利润表是将当期所有的收入列在一起，然后将所有的费用列在一起，两者相减得出当期净利润。多步式利润表是通过对当期的收入、费用按性质和功能加以归类，按利润形成的主要环节列示一些中间性指标，分步计算当期净利润。

在我国，利润表一般采用多步式，其净利润的计算过程如下：

（1）营业利润 = 营业收入 − 营业成本 − 营业税金及附加 − 销售费用 − 管理费用 − 财务费用 − 资产减值损失 + 公允价值变动收益 + 投资收益

（2）利润总额 = 营业利润 + 营业外收入 − 营业外支出

（3）净利润 = 利润总额 − 所得税费用

2. 利润表的填列方法

利润表上的各项目分为“上期数”和“本期数”两栏。在编制年度利润表时，“上期数”填列上年全年实际发生额，“本期数”栏反映本期实际发生数。“本期数”中的“营业收入”“营业成本”“营业税金及附加”“销售费用”“管理费用”“财务费用”“资产减值损失”“公允价值变动收益”“投资收益”“营业外收入”“营业外支出”“所得税费用”等项目，在表结法进行利润核算的情况下，应根据年末结转本年利润账户的数额填列；在采用账结法的情况下，应根据各相关科目各月末转入“本年利润”账户的累计发生额填列。“本期数”栏的“营业利润”“利润总额”及“净利润”应根据公式计算填列。

在编制中期财务报告时，“上期数”改为“本年累计数”。

三、实验资料

新华公司 2019 年 5 月各账户的发生额及余额资料见实验九。

四、实验要求

编制新华公司 2019 年 5 月份的资产负债表和利润表。

五、实验设计

（1）实验前，指导老师应向学生再次强调资产负债表和利润表的编制方法。

（2）实验时间约需 2 学时。

（3）本实验需资产负债表和利润表各 1 张。

六、实验思考

（1）资产负债表的格式有哪些？我国的资产负债表采用何种格式？根据什么原理排列的？

（2）利润表的格式有哪些？我国的利润表采用何种格式？根据什么原理排列的？

实验十一　会计凭证的装订

一、实验目的

通过实验，学生能了解记账凭证的传递和保管知识，掌握会计凭证的装订方法。

二、实验基础知识

（一）会计凭证的传递

会计凭证的传递，是指会计凭证从填制到归档保管期间，在本单位内部各有关部门和人员之间的传递程序和传递时间。会计凭证尤其是原始凭证并非都是在会计部门，由会计人员填制和办理凭证手续的，但都必须集中到会计部门来，由会计人员将它们全部登记入账。会计凭证除了作为记账依据之外，还有其他的用途，如据以组织经济活动，协调业务关系，强化内部控制，明确岗位责任，加强会计监督等。因此，企业必须认真做好会计凭证的传递。

各种记账凭证所记载的经济业务内容不同，涉及的部门和人员不同，办理的经济业务手续也不尽一致，组织会计凭证传递，必须遵循内部牵制原则，力求做到及时反映、记录经济业务。会计凭证在传递过程中必须注意以下几点：

（1）一切会计凭证的传递和处理，必须在会计报告期内完成，应当及时传递，不得积压，不得跨期；否则，势必影响会计核算的正确性和及时性。

（2）会计凭证在传递过程中，既要做到完备严密，又要简便易行，凭证的签收、交接应当制定必要的制度，以保证会计凭证的安全与完整。

（3）应根据每种经济业务的特点、内部组织机构和人员分工情况以及经营管理的需要，恰当规定会计凭证经由的必要环节，并据之恰当规定会计凭证的份数，做到既能使各有关部门和人员了解经济业务的情况，及时办理凭证手续，又避免凭证传递经过不必要的环节，以利于提高工作效率。

（4）要根据各个环节办理经济业务所必需的时间，合理规定凭证在各个环节停留的时间，以确保凭证及时传递。

（二）会计凭证的装订

会计凭证的装订是指把定期编制完毕的会计凭证按照编号顺序，外加封面、封底，装订成册，并在装订线上加贴封签。在封面上，应写明单位名称、年度、月份、记账凭证的种类、起讫日期、起讫号数以及记账凭证和原始凭证张数，并在封签处加盖会计主管的骑缝图章。采用单式记账凭证整理装订时，必须保持会计分录的完整，应按凭证号码顺序还原装订成册，不得按科目归类装订。对各种重要的原始单据以及各种需要随时查阅和退回的单据，应另编目录，单独登记保管，并在有关的记账凭证和原始凭证上相互注明日期和编号。

会计凭证装订的要求是既美观大方又便于翻阅，所以在装订时要先设计好装订册数及每册的厚度。一般来说，一本凭证，厚度以1.5厘米至2.0厘米为宜，太厚了不便于翻阅核查，太薄时可用纸折一些三角形纸条，均匀地垫在此处，以保证它的厚度与凭证中间的厚度一致。

会计在装订会计凭证时通常采用角订法。这样装订起来简单易行，且装订后的凭证较美观。其具体操作步骤如下：

（1）封面和封底裁开，分别附在凭证前面和后面，再拿一张质地相同的纸（可以再找一张凭证封皮，裁下一半用，另一半为订下一本凭证备用）放在封面上角，做护角线。

（2）凭证的左上角画一边长为5厘米的等腰三角形，用夹子夹住，用装订机在底线上分布均匀地打两个眼儿。

（3）大针引线绳穿过两个眼儿。如果没有针，可以将回形别针顺直，然后将两端折向同一个方向，将线绳从中穿过并夹紧，即可把线引过来，因为一般装订机打出的眼是可以穿过的。

（4）凭证的背面打结。线绳最好把凭证两端也系上。

（5）护角向左上侧折，并将一侧剪开至凭证的左上角，然后抹上胶水。

（6）折叠，并将侧面和背面的线绳扣粘死。

（7）晾干后，在凭证本的背上面写上“某年某月第几册共几册”的字样。装订人在装订线封签处签名或盖章。

（三）会计凭证的保管

会计凭证是重要的经济资料和会计档案。每个单位在完成经济业务手续和记账以后，须按规定的立卷归档制度，由专人负责保管。年终，应移交财会档案保管一年，期满后，应由财会部门编制清册移交单位的档案部门保管。

对已归档凭证的查阅、调用或复制，均应得到批准和履行一定手续。原始凭证不得外借，其他单位如因特殊原因需要使用原始凭证时，经本单位会计机构负责人、会计主管人员批准，方可复制。向外单位提供的原始凭证复制件，应当在专设的登记簿上登记，并由提供人员和收取人员共同签名或者盖章。

会计凭证的保管期限和销毁手续，必须严格按照会计制度的有关规定执行。一般会计凭证至少保存10年，重要的凭证须长期保存，会计凭证保存期满需销毁时，必须开列清单，按照规定的手续报经批准后方可销毁。任何单位都不能随意自行销毁会计凭证。

三、实验资料

实验三所填制的记账凭证。

四、实验要求

（1）对实验三所填制的记账凭证采取正确的方法进行装订。

（2）填写凭证封面。

五、实验设计

（1）实验前，指导老师应给学生演示实验凭证的装订方法，并指出装订注意事项。

（2）该实验的记账凭证较少，可以日期为顺序排列，也可以类别为顺序排列。

（3）实验时间约 1 个学时。

（4）本实验需要装订机一台、凭证封面一张、装订线若干。

六、实验思考

（1）记账凭证装订的方法是什么？

（2）记账凭证装订的意义和注意事项有哪些？

第三章　综合模拟实验

一、实验目的

通过本实验，熟悉会计循环的步骤及各步骤的操作。

二、实验资料

金光公司为增值税一般纳税人，增值税税率为13%；所得税税率为25%；本企业的法定盈余公积金提取比例为10%。开户银行：建设银行金光办事处，账号265489124。

（一）金光公司2019年8月1日有关总分类账户的期初余额资料见表3－1：

表3－1　总分类账期初余额

账户名称	借方余额	账户名称	贷方余额
库存现金	1 000.00	短期借款	260 000.00
银行存款	310 000.00	其他应付款	8 000.00
应收账款 其中：天河公司 东方公司	68 000.00 20 000.00 48 000.00	应付账款 其中：兰星公司 金沙钢铁厂	150 000.00 100 000.00 50 000.00
其他应收款	5 000.00	应付职工薪酬	10 000.00
原材料 其中：圆钢100吨，单价1 300元 线材14吨，单价5 000元	200 000.00 130 000.00 70 000.00	应交税费	80 000.00
库存商品	450 000.00	实收资本	491 000.00
生产成本	40 000.00	本年利润	175 000.00
固定资产	510 000.00	利润分配	250 000.00
		累计折旧	160 000.00
合计	1 584 000.00	合计	1 584 000.00

（二）金光公司 2019 年 8 月发生以下经济业务：

1．2019 年 8 月 1 日，从银行提取现金 3 000 元，以备零星开支。

中国建设银行现金支票存根

支票号码 2018623

附加信息

出票日期 2019 年 8 月 1 日

收款人	李利
金　额	￥3 000.00
用　途	备用
备　注	

单位主管： 会计：陈海

2．2019 年 8 月 4 日，购入材料，验收入库。

四川省增值税专用发票

发 票 联

No 00362511

开票日期：2019 年 8 月 4 日

购买方	名　　称：金光公司 纳税人识别号：510402247897331 地 址 、电 话：金光街 62 号 0812－666888 开户行及账号：建设银行金光办事处 265489124					密码区	略
货物及应税劳务名称	规格型号	单位	数量	单价	金　额	税率	税额
圆钢	40#	吨	200	1 300.00	260 000.00	13%	33 800.00
合计					￥260 000.00		￥33 800.00
价税合计（大写）	⊗贰拾玖万叁仟捌佰元整				（小写） ￥293 800.00		
销售方	名　　称：金沙钢铁厂 纳税人识别号：510402669856002 地 址 、电 话：长江路 23 号 0812－660088 开户行及账号：建设银行长江路办事处 236987444					备注	

第三联：发票联 购货方记账凭证

收款人：宋海　　复核：张祥　　开票人：钟晓华　　销货方：（章）

四川省增值税专用发票

抵扣联

No 00362511

开票日期：2019 年 8 月 4 日

购买方	名　　称：金光公司 纳税人识别号：510402247897331 地 址 、电 话：金光街 62 号 0812－666888 开户行及账号：建设银行金光办事处　265489124					密码区	略
货物及应税劳务名称	规格型号	单位	数量	单价	金　额	税率	税额
圆钢	40#	吨	200	1 300.00	260 000.00	13%	33 800.00
合计					¥260 000.00		¥33 800.00
价税合计（大写）	⊗贰拾玖万叁仟捌佰元整				（小写）　¥293 800.00		
销售方	名　　称：金沙钢铁厂 纳税人识别号：510402669856002 地 址 、电 话：长江路 23 号 0812－660088 开户行及账号：建设银行长江路办事处　236987444					备注	

第二联：抵扣联　购货方抵扣凭证

收款人：宋海　　复核：张祥　　开票人：钟晓华　　销货方：（章）

材料入库单

金光公司　　2019 年 8 月 4 日　　单位：元

材料名称	规格	单位	数量	单价	金额	发货单位	
圆钢	40#	吨	200	1 300.00	260 000.00	金沙钢铁厂	
						合同号	270

第二联　记账联

财务主管：张容　　供应科长：刘建　　验收：陈文　　采购员：李红英

3．2019 年 8 月 10 日，以现金购买办公用品。

四川增值税普通发票

发 票 联

No 235648

开票日期：2019 年 8 月 10 日

<table>
<tr><td>购买方</td><td colspan="4">名称：金光公司
纳税人识别号：510402247897331
地址、电话：金光街 62 号 0812－666888
开户行及账号：建设银行金光办事处 265489124</td><td>密码区</td><td colspan="3"></td></tr>
<tr><td colspan="2">货物或应税劳务、服务名称</td><td>规格型号</td><td>单位</td><td>数量</td><td>单价</td><td>金额</td><td>税率</td><td>税额</td></tr>
<tr><td colspan="2">印纸</td><td></td><td>箱</td><td>3</td><td>300.00</td><td>900.00</td><td>3%</td><td>27.00</td></tr>
<tr><td colspan="2">合　计</td><td></td><td></td><td></td><td></td><td>￥900.00</td><td></td><td>￥27.00</td></tr>
<tr><td colspan="2">价税合计（大写）</td><td colspan="7">⊗玖佰贰拾柒元整　（小写）￥927.00</td></tr>
<tr><td>销售方</td><td colspan="4">名称：博辉文具用品店
纳税人识别号：510402147856012
地址、电话：新源路 2 号 0812－223088
开户行及账号：建设银行临江办事处 565478911</td><td>备注</td><td colspan="3"></td></tr>
</table>

第二联：发票联 购货方记账凭证

收款人：刘艳　　复核：陈晓雯　　开票人：王欣　　销货方：（章）

4．2019 年 8 月 12 日，支付车间机器设备的修理费。

四川省增值税专用发票

发 票 联

No 56987237

开票日期：2019 年 8 月 12 日

<table>
<tr><td>购买方</td><td colspan="4">名　　称：金光公司
纳税人识别号：510402247897331
地 址 、电 话：金光街 62 号 0812－666888
开户行及账号：建设银行金光办事处　265489124</td><td>密码区</td><td colspan="3">略</td></tr>
<tr><td colspan="2">货物及应税劳务名称</td><td>规格型号</td><td>单位</td><td>数量</td><td>单价</td><td>金　额</td><td>税率</td><td>税额</td></tr>
<tr><td colspan="2">修理费</td><td></td><td>工时</td><td>40</td><td>40.00</td><td>1 600.00</td><td>13%</td><td>208.00</td></tr>
<tr><td colspan="2">合计</td><td></td><td></td><td></td><td></td><td>￥1 600.00</td><td></td><td>￥208.00</td></tr>
<tr><td colspan="2">价税合计（大写）</td><td colspan="7">⊗壹仟捌佰零捌元整　（小写）　￥1 808.00</td></tr>
<tr><td>销售方</td><td colspan="4">名　　称：宏大修理厂
纳税人识别号：510402357896031
地 址 、电 话：新华街 20 号 0812－335066
开户行及账号：建设银行大河办事处 265587421</td><td>备注</td><td colspan="3"></td></tr>
</table>

第三联：发票联 购货方记账凭证

收款人：夏雨　　复核：何云帆　　开票人：张晓雨　　销货方：（章）

四川省增值税专用发票

抵 扣 联

No　56987237

开票日期：2019 年 8 月 12 日

购买方	名　　称：金光公司 纳税人识别号：510402247897331 地 址 、电 话：金光街 62 号 0812－666888 开户行及账号：建设银行金光办事处　265489124				密码区	略	
货物及应税劳务名称	规格型号	单位	数量	单价	金　额	税率	税额
修理费		工时	40	40.00	1 600.00	13%	208.00
合计					￥1 600.00		￥208.00
价税合计（大写）	⊗壹仟捌佰零捌元整				（小写）　￥1 808.00		
销售方	名　　称：宏大修理厂 纳税人识别号：510402357896031 地 址 、电 话：新华街 20 号 0812－335066 开户行及账号：建设银行大河办事处 265587421				备注		

第二联：抵扣联　购货方抵扣凭证

收款人：夏雨　　复核：何云帆　　开票人：张晓雨　　销货方：（章）

中国建设银行转账支票存根

支票号码　　3026587

附加信息

出票日期　2019 年 8 月 12 日

收款人	光明修理厂
金　额	￥1 808.00
用　途	机床修理费
备　注	

单位主管：　　　　会计：陈海

5. 2019 年 8 月 15 日，支付广告费。

四川省增值税专用发票

发票联

No 23655679

开票日期：2019 年 8 月 15 日

购买方	名称：金光公司 纳税人识别号：510402247897331 地址、电话：金光街 62 号 0812－666888 开户行及账号：建设银行金光办事处 265489124				密码区	略	
货物及应税劳务名称	规格型号	单位	数量	单价	金额	税率	税额
产品广告费		次	20	250.00	5 000.00	6%	300.00
合计					¥5 000.00		¥300.00
价税合计（大写）	⊗伍仟叁佰元整				（小写） ¥5 300.00		
销售方	名称：旭日广告公司 纳税人识别号：51040736583243 地址、电话：龙密路 15 号 0812－667345 开户行及账号：建设银行龙密办事处 567986567				备注		

收款人：张辉　　复核：张辉　　开票人：杨星　　销货方：（章）

第三联：发票联　购货方记账凭证

四川省增值税专用发票

抵扣联

No 23655679

开票日期：2019 年 8 月 15 日

购买方	名称：金光公司 纳税人识别号：510402247897331 地址、电话：金光街 62 号 0812－666888 开户行及账号：建设银行金光办事处 265489124				密码区	略	
货物及应税劳务名称	规格型号	单位	数量	单价	金额	税率	税额
产品广告费		次	20	250.00	5 000.00	6%	300.00
合计					¥5 000.00		¥300.00
价税合计（大写）	⊗伍仟叁佰元整				（小写） ¥5 300.00		
销售方	名称：旭日广告公司 纳税人识别号：51040736583243 地址、电话：龙密路 15 号 0812－667345 开户行及账号：建设银行龙密办事处 567986567				备注		

收款人：张辉　　复核：张辉　　开票人：杨星　　销货方：（章）

第二联：抵扣联　购货方抵扣凭证

中国建设银行转账支票存根

支票号码 2018623

附加信息

出票日期 2019 年 8 月 15 日

收款人	旭日广告公司
金 额	¥5 300.00
用 途	产品广告费
备 注	

单位主管： 会计：陈海

6．2019 年 8 月 16 日，用现金支付电话费。

四川省增值税专用发票

发 票 联

No 23423567

开票日期：2019 年 8 月 16 日

购买方	名 称：金光公司 纳税人识别号：510402247897331 地 址 、电 话：金光街 62 号 0812－666888 开户行及账号：建设银行金光办事处 265489124				密码区	略	
货物及应税劳务名称	规格型号	单位	数量	单价	金 额	税率	税额
电话费			1	3 800.00	3 800.00	9%	342.00
合计					¥3 800.00		¥342.00
价税合计（大写）	⊗肆仟壹佰肆拾贰元整				（小写） ¥4 142.00		
销售方	名 称：中国电信攀枝花分公司 纳税人识别号：51040736583120 地 址 、电 话：龙密路 115 号 0812－667533 开户行及账号：农业银行龙密支行 567300042				备注		

第三联：发票联 购货方记账凭证

收款人：张辉 复核：杨潇 开票人：何伟 销货方：（章）

四川省增值税专用发票

抵 扣 联

No 23423567

开票日期：2019 年 8 月 16 日

<table>
<tr><td rowspan="4">购买方</td><td colspan="5">名　　称：　金光公司</td><td rowspan="4">密码区</td><td colspan="2" rowspan="4">略</td></tr>
<tr><td colspan="5">纳税人识别号：　510402247897331</td></tr>
<tr><td colspan="5">地 址 、电 话：　金光街 62 号 0812－666888</td></tr>
<tr><td colspan="5">开户行及账号：　建设银行金光办事处　265489124</td></tr>
<tr><td colspan="2">货物及应税劳务名称</td><td>规格型号</td><td>单位</td><td>数量</td><td>单价</td><td>金　额</td><td>税率</td><td>税额</td></tr>
<tr><td colspan="2">电话费</td><td></td><td></td><td>1</td><td>3 800.00</td><td>3 800.00</td><td>9%</td><td>342.00</td></tr>
<tr><td colspan="2">合计</td><td></td><td></td><td></td><td></td><td>¥3 800.00</td><td></td><td>¥342.00</td></tr>
<tr><td colspan="9">价税合计（大写）　⊗肆仟壹佰肆拾贰元整　　（小写）　¥4 142.00</td></tr>
<tr><td rowspan="4">销售方</td><td colspan="5">名　　称：中国电信攀枝花分公司</td><td rowspan="4">备注</td><td colspan="2" rowspan="4"></td></tr>
<tr><td colspan="5">纳税人识别号：51040736583120</td></tr>
<tr><td colspan="5">地 址 、电 话：龙密路 115 号 0812－667533</td></tr>
<tr><td colspan="5">开户行及账号：农业银行龙密支行 567300042</td></tr>
</table>

第二联：抵扣联　购货方抵扣凭证

收款人：张辉　　复核：杨潇　　开票人：何伟　　销货方：（章）

7. 2019 年 8 月 17 日，支付厂办招待费。

中国建设银行转账支票存根

支票号码　2018633

附加信息

出票日期　2019 年 8 月 17 日

收款人	新雅饭店
金　额	¥500.00
用　途	招待费
备　注	

单位主管：　　　　会计：陈海

四川增值税普通发票（卷票）

发 票 联

发票代码 051001701208
发票号码 02462401
机打号码 04087798
机器编号 499945404149
销售方名称 新雅饭店

纳税人识别号 510402247256016
开票日期 2019 -8 -16
收款员 管理员
购买方名称 金光公司

纳税人识别号 915101041265566252

项目	单价	数量	金额
餐饮	500.00	1	500.00

合计金额（小写）¥500.00
合计金额（大写）伍佰元整

8. 2019 年 8 月 18 日，加工车间的一台普通车床齿轮损坏，经批准作报废处理。

固定资产报废单

2019 年 8 月 18 日

凭证编号 03

固定资产名称及编号	规格型号	单位	数量	预计使用年限	已使用年限	原始价值	已提折旧	备注
车床	A0107	台	1	10	8	5 000.00	3 840.00	
固定资产状况及报废原因	齿轮严重损害等原因							
处理意见	使用部门		技术鉴定小组		固定资产管理部门		主管部门审批	
	无法修理		情况属实		同意转入清理		同意报废	

9. 2019 年 8 月 20 日，销售商品一批。

四川省增值税专用发票

发 票 联

No 00361512

开票日期：2019 年 8 月 20 日

购买方	名称：星光工厂 纳税人识别号：510402696835487 地址、电话：大河中路 15 号 0812－2907888 开户行及账号：工商银行大河支行 698541477				密码区	略	
货物及应税劳务名称	规格型号	单位	数量	单价	金额	税率	税额
甲产品		台	200	2 500.00	500 000.00	13%	65 000.00
合计					¥500 000.00		¥65 000.00
价税合计（大写）	⊗伍拾陆万伍仟元整				（小写）¥565 000.00		
销售方	名称：金光公司 纳税人识别号：510402247897331 地址、电话：金光街 62 号 0812－666888 开户行及账号：建设银行金光办事处 265489124				备注		

第三联：发票联 购货方记账凭证

收款人：张辉　　复核：杨潇　　开票人：何伟　　销货方：（章）

四川省增值税专用发票

抵 扣 联

No 00361512

开票日期：2019 年 8 月 20 日

购买方	名称：星光工厂 纳税人识别号：510402696835487 地址、电话：大河中路 15 号 0812－2907888 开户行及账号：工商银行大河支行 698541477				密码区	略	
货物及应税劳务名称	规格型号	单位	数量	单价	金额	税率	税额
甲产品		台	200	2 500.00	500 000.00	13%	65 000.00
合计					¥500 000.00		¥65 000.00
价税合计（大写）	⊗伍拾陆万伍仟元整				（小写）¥565 000.00		
销售方	名称：金光公司 纳税人识别号：510402247897331 地址、电话：金光街 62 号 0812－666888 开户行及账号：建设银行金光办事处 265489124				备注		

第二联：抵扣联 购货方抵扣凭证

收款人：张辉　　复核：杨潇　　开票人：何伟　　销货方：（章）

中国建设银行进账单（收账通知）

2019年8月20日　　　　第7号

收款人	全　　称	金光公司	付款人	全　　称	星光公司
	账　　号	265489124		账　　号	698541477
	开户银行	建设银行金光办事处		开户银行	工商银行大河支行

人民币（大写）	千	百	十	万	千	百	十	元	角	分
伍拾陆万伍仟元整		¥	5	6	5	0	0	0	0	0

票据种类	转账支票	收款人开户银行盖章
票据张数	1张	
单位主管　　会计　　复核　　记账		

此联是银行交给收款人的回单

10. 收到东方公司前欠货款。

中国建设银行进账单（收账通知）

2019年8月21日　　　　第14号

收款人	全　　称	金光公司	付款人	全　　称	东方公司
	账　　号	265489124		账　　号	389505621
	开户银行	建设银行金光办事处		开户银行	工商银行大河支行

人民币（大写）	千	百	十	万	千	百	十	元	角	分
壹万肆仟元整			¥	1	4	0	0	0	0	0

票据种类	转账支票	收款人开户银行盖章
票据张数	1张	
单位主管　　会计　　复核　　记账		

此联是银行交给收款人的回单

11．2019 年 8 月 30 日，分配结转本月工资费用。

工资费用汇总分配表

2019 年 8 月 30 日　　　　单位：元

车间、部门		应分配金额
车间生产人员工资	甲产品工人	45 000.00
	乙产品工人	25 000.00
	车间生产人员工资合计	70 000.00
车间管理人员		20 000.00
厂部管理人员		15 000.00
合计		105 000.00

主管：　　　　审核：张明明　　　　制单：李小辉

12．2019 年 8 月 30 日，分配并结转发出材料成本。

金光公司发料凭证汇总表

2019 年 8 月 30 日

日期	领料单张数	贷方科目	借方科目					
			生产成本		制造费用	管理费用	其他业务支出	合计
			甲产品	乙产品				
1～15 日	10 张	原材料	70 000.00	40 000.00	2 000.00	500.00		112 500.00
15～30 日	5 张	原材料	35 000.00	30 000.00	3 000.00			68 000.00
合计			105 000.00	70 000.00	5 000.00	500.00		180 500.00

会计主管：　　　　记账：　　　　审核：张明明　　　　制单：李红

13．2019 年 8 月 30 日，支付水费。

中国建设银行转账支票存根

支票号码　　2018637

附加信息

出票日期　2019 年 8 月 30 日

收款人	市自来水公司
金　额	¥2 398.00
用　途	支付水费
备　注	

单位主管：　　　　会计：陈海

四川省增值税专用发票

发 票 联

No　00361512

开票日期：2019 年 8 月 30 日

<table>
<tr><td rowspan="4">购买方</td><td>名　　称：</td><td colspan="6">金光公司</td><td rowspan="4">密码区</td><td colspan="2" rowspan="4">略</td></tr>
<tr><td>纳税人识别号：</td><td colspan="6">510402247897331</td></tr>
<tr><td>地 址 、电 话：</td><td colspan="6">金光街 62 号 0812－666888</td></tr>
<tr><td>开户行及账号：</td><td colspan="6">建设银行金光办事处　265489124</td></tr>
<tr><td colspan="2">货物及应税劳务名称</td><td>规格型号</td><td>单位</td><td>数量</td><td>单价</td><td colspan="2">金　额</td><td>税率</td><td colspan="2">税额</td></tr>
<tr><td colspan="2">自来水</td><td></td><td>吨</td><td>1 000</td><td>2.2</td><td colspan="2">2 200.00</td><td>9%</td><td colspan="2">198.00</td></tr>
<tr><td colspan="2">合计</td><td></td><td></td><td></td><td></td><td colspan="2">¥2 200.00</td><td></td><td colspan="2">¥198.00</td></tr>
<tr><td colspan="2">价税合计（大写）</td><td colspan="6">⊗贰仟叁佰玖拾捌元整</td><td colspan="3">（小写）　¥2 398.00</td></tr>
<tr><td rowspan="4">销售方</td><td>名　　称：</td><td colspan="6">市自来水公司</td><td rowspan="4">备注</td><td colspan="2" rowspan="4"></td></tr>
<tr><td>纳税人识别号：</td><td colspan="6">512345678965551</td></tr>
<tr><td>地 址 、电 话：</td><td colspan="6">成光路 23 号 0812－347899</td></tr>
<tr><td>开户行及账号：</td><td colspan="6">建设银行成光路办事处 269723456</td></tr>
</table>

第三联：发票联　购货方记账凭证

收款人：王伟华　　复核：张中天　　开票人：陈晓燕　　销货方：（章）

四川省增值税专用发票

抵 扣 联

No 00361512

开票日期：2019 年 8 月 30 日

<table>
<tr><td rowspan="4">购买方</td><td colspan="4">名　　称：金光公司</td><td rowspan="4">密码区</td><td colspan="3" rowspan="4">略</td></tr>
<tr><td colspan="4">纳税人识别号：510402247897331</td></tr>
<tr><td colspan="4">地 址 、电 话：金光街 62 号 0812－666888</td></tr>
<tr><td colspan="4">开户行及账号：建设银行金光办事处　265489124</td></tr>
<tr><td colspan="2">货物及应税劳务名称</td><td>规格型号</td><td>单位</td><td>数量</td><td>单价</td><td>金　额</td><td>税率</td><td>税额</td></tr>
<tr><td colspan="2">自来水</td><td></td><td>吨</td><td>1 000</td><td>2.2</td><td>2 200.00</td><td>9%</td><td>198.00</td></tr>
<tr><td colspan="2">合计</td><td></td><td></td><td></td><td></td><td>¥2 200.00</td><td></td><td>¥198.00</td></tr>
<tr><td colspan="6">价税合计（大写）　⊗贰仟叁佰玖拾捌元整</td><td colspan="3">（小写）　¥2 398.00</td></tr>
<tr><td rowspan="4">销售方</td><td colspan="4">名　　称：市自来水公司</td><td rowspan="4">备注</td><td colspan="3" rowspan="4"></td></tr>
<tr><td colspan="4">纳税人识别号：512345678965551</td></tr>
<tr><td colspan="4">地 址 、电 话：成光路 23 号 0812－347899</td></tr>
<tr><td colspan="4">开户行及账号：建设银行成光路办事处 269723456</td></tr>
</table>

第二联：抵扣联　购货方抵扣凭证

收款人：王伟华　　　复核：张中天　　　开票人：陈晓燕　　　销货方：（章）

14. 2019 年 8 月 30 日结转已销产品成本。

金光公司产品出库单

收货单位　　　　2019 年 8 月 30 日　　　　单位：元

产品名称	计量单位	数量	单价	金额
甲产品	台	200	1 200.00	240 000.00
合计				240 000.00

主管：　　　　审核：　　　　制单人：陈海

已销产品成本计算单

2019 年 8 月 30 日　　　　单位：元

产品名称	计量单位	月初结存		本月入库		本月销售	
		数量	总成本	数量	总成本	数量	总成本
甲产品	台	250	300 000.00			200	240 000.00
合计		250	300 000.00			200	240 000.00

主管：　　　　审核：　　　　制单人：陈海

15. 月末将各损益类账户转入本年利润。

三、实验要求：

（1）根据资料，开设有关账户（库存现金、银行存款日记账，明细账，总账），并登记期初余额。

（2）根据该企业 2019 年 8 月份所发生的经济业务填制记账凭证。（采用通用记账凭证或专用记账凭证）

（3）根据有关凭证登记日记账、明细账及总账，并进行结账。

（4）编制该企业 2019 年 8 月份的资产负债表及利润表。

四、实验设计

（1）假设该企业采用记账凭证账务处理程序。

（2）月末结账后，应进行试算平衡，检查账户的登记是否正确。

（3）实验时间约 4 个学时。

（4）本实验需记账凭证 16 张，三栏式总账账页约 30 张，三栏式明细账账页 4 张，库存现金日记账、银行存款日记账各 1 张，资产负债表、利润表各 1 张。

主要参考书目

1. 陈国辉，迟旭升. 基础会计［M］. 大连：东北财经大学出版社，2018.

2. 陈国辉，王文杰. 会计学原理实训教程［M］. 北京：北京邮电大学出版社，2012.

3. 段昌军，段丹丹. 会计综合实训［M］. 武汉：湖北科学技术出版社，2015.

4. 唐才刚，杨巧敏. 会计学原理模拟实训教程［M］. 北京：对外经济贸易大学出版社，2016.

5. 朱波强，段雪梅. 会计学基础［M］. 北京：科学出版社，2018.

6. 张维宾，姚津. 新编会计模拟实习［M］. 上海：立信会计出版社，2016.

7. 陈国平. 会计综合模拟实验（手工账务处理）［M］. 上海：立信会计出版社，2017.

8. 刘峰. 会计学基础［M］. 北京：高等教育出版社，2018.

9. 李海波. 会计学原理［M］. 上海：立信会计出版社，2017.

附录　会计基础工作规范

（中华人民共和国财政部令第98号）

（1996年6月17日财会字〔1996〕19号公布，
根据2019年3月14日《财政部关于修改〈代理记账管理办法〉等2部
部门规章的决定》修改）

第一章　总　则

第一条　为了加强会计基础工作，建立规范的会计工作秩序，提高会计工作水平，根据《中华人民共和国会计法》的有关规定，制定本规范。

第二条　国家机关、社会团体、企业、事业单位、个体工商户和其他组织的会计基础工作，应当符合本规范的规定。

第三条　各单位应当依据有关法律、法规和本规范的规定，加强会计基础工作，严格执行会计法规制度，保证会计工作依法有序地进行。

第四条　单位领导人对本单位的会计基础工作负有领导责任。

第五条　各省、自治区、直辖市财政厅（局）要加强对会计基础工作的管理和指导，通过政策引导、经验交流、监督检查等措施，促进基层单位加强会计基础工作，不断提高会计工作水平。

国务院各业务主管部门根据职责权限管理本部门的会计基础工作。

第二章　会计机构和会计人员

第一节　会计机构设置和会计人员配备

第六条　各单位应当根据会计业务的需要设置会计机构；不具备单独设置会计机构条件的，应当在有关机构中配备专职会计人员。

事业行政单位会计机构的设置和会计人员的配备，应当符合国家统一事业行政单位会计制度的规定。

设置会计机构，应当配备会计机构负责人；在有关机构中配备专职会计人员，应当在专职会计人员中指定会计主管人员。

会计机构负责人、会计主管人员的任免，应当符合《中华人民共和国会计法》和有关法律的规定。

第七条　会计机构负责人、会计主管人员应当具备下列基本条件：

（一）坚持原则，廉洁奉公；

（二）具备会计师以上专业技术职务资格或者从事会计工作不少于三年；

（三）熟悉国家财经法律、法规、规章和方针、政策，掌握本行业业务管理的有关知识；

（四）有较强的组织能力；

（五）身体状况能够适应本职工作的要求。

第八条　没有设置会计机构或者配备会计人员的单位，应当根据《代理记账管理办法》的规定，委托会计师事务所或者持有代理记账许可证书的代理记账机构进行代理记账。

第九条　大、中型企业、事业单位、业务主管部门应当根据法律和国家有关规定设置总会计师。总会计师由具有会计师以上专业技术资格的人员担任。

总会计师行使《总会计师条例》规定的职责、权限。

总会计师的任命（聘任）、免职（解聘）依照《总会计师条例》和有关法律的规定办理。

第十条　各单位应当根据会计业务需要配备会计人员，督促其遵守职业道德和国家统一的会计制度。

第十一条　各单位应当根据会计业务需要设置会计工作岗位。

会计工作岗位一般可分为：会计机构负责人或者会计主管人员，出纳，财产物资核算，工资核算，成本费用核算，财务成果核算，资金核算，往来结算，总账报表，稽核，档案管理等。开展会计电算化和管理会计的单位，可以根据需要设置相应工作岗位，也可以与其他工作岗位相结合。

第十二条　会计工作岗位，可以一人一岗、一人多岗或者一岗多人。但出纳人员不得兼管稽核、会计档案保管和收入、费用、债权债务账目的登记工作。

第十三条　会计人员的工作岗位应当有计划地进行轮换。

第十四条　会计人员应当具备必要的专业知识和专业技能，熟悉国家有关法律、法规、规章和国家统一会计制度，遵守职业道德。

会计人员应当按照国家有关规定参加会计业务的培训。各单位应当合理安排会计人员的培训，保证会计人员每年有一定时间用于学习和参加培训。

第十五条　各单位领导人应当支持会计机构、会计人员依法行使职权；对忠于职守，坚持原则，做出显著成绩的会计机构、会计人员，应当给予精神的和物质的奖励。

第十六条　国家机关、国有企业、事业单位任用会计人员应当实行回避制度。

单位领导人的直系亲属不得担任本单位的会计机构负责人、会计主管人员。会计机构负责人、会计主管人员的直系亲属不得在本单位会计机构中担任出纳工作。

需要回避的直系亲属为：夫妻关系、直系血亲关系、三代以内旁系血亲以及配偶亲关系。

第二节　会计人员职业道德

第十七条　会计人员在会计工作中应当遵守职业道德，树立良好的职业品质、严谨的工作作风，严守工作纪律，努力提高工作效率和工作质量。

第十八条　会计人员应当热爱本职工作，努力钻研业务，使自己的知识和技能适应所从事工作的要求。

第十九条　会计人员应当熟悉财经法律、法规、规章和国家统一会计制度，并结合会计工作进行广泛宣传。

第二十条　会计人员应当按照会计法规、法规和国家统一会计制度规定的程序和要求进行会计工作，保证所提供的会计信息合法、真实、准确、及时、完整。

第二十一条　会计人员办理会计事务应当实事求是、客观公正。

第二十二条　会计人员应当熟悉本单位的生产经营和业务管理情况，运用掌握的会计信息和会计方法，为改善单位内部管理、提高经济效益服务。

第二十三条　会计人员应当保守本单位的商业秘密。除法律规定和单位领导人同意外，不能私自向外界提供或者泄露单位的会计信息。

第二十四条　财政部门、业务主管部门和各单位应当定期检查会计人员遵守职业道德的情况，并作为会计人员晋升、晋级、聘任专业职务、表彰奖励的重要考核依据。

会计人员违反职业道德的，由所在单位进行处理。

第三节　会计工作交接

第二十五条　会计人员工作调动或者因故离职，必须将本人所经管的会计工作全部移交给接替人员。没有办清交接手续的，不得调动或者离职。

第二十六条　接替人员应当认真接管移交工作，并继续办理移交的未了事项。

第二十七条　会计人员办理移交手续前，必须及时做好以下工作：

（一）已经受理的经济业务尚未填制会计凭证的，应当填制完毕。

（二）尚未登记的账目，应当登记完毕，并在最后一笔余额后加盖经办人员印章。

（三）整理应该移交的各项资料，对未了事项写出书面材料。

（四）编制移交清册，列明应当移交的会计凭证、会计账簿、会计报表、印章、现金、有价证券、支票簿、发票、文件、其他会计资料和物品等内容；实行会计电算化的单位，从事该项工作的移交人员还应当在移交清册中列明会计软件及密码、会计软件数据磁盘（磁带等）及有关资料、实物等内容。

第二十八条　会计人员办理交接手续，必须有监交人负责监交。一般会计人员交接，由单位会计机构负责人、会计主管人员负责监交；会计机构负责人、会计主管人员交接，由单位领导人负责监交，必要时可由上级主管部门派人会同监交。

第二十九条　移交人员在办理移交时，要按移交清册逐项移交；接替人员要逐项核对点收。

（一）现金、有价证券要根据会计账簿有关记录进行点交。库存现金、有价证券必须与会计账簿记录保持一致。不一致时，移交人员必须限期查清。

（二）会计凭证、会计账簿、会计报表和其他会计资料必须完整无缺。如有短缺，必须查清原因，并在移交清册中注明，由移交人员负责。

（三）银行存款账户余额要与银行对账单核对，如不一致，应当编制银行存款余额调节表调节相符，各种财产物资和债权债务的明细账户余额要与总账有关账户余额核对相符；必要时，要抽查个别账户的余额，与实物核对相符，或者与往来单位、个人核对清楚。

（四）移交人员经管的票据、印章和其他实物等，必须交接清楚；移交人员从事会计电算化工作的，要对有关电子数据在实际操作状态下进行交接。

第三十条　会计机构负责人、会计主管人员移交时，还必须将全部财务会计工作、重大财务收支和会计人员的情况等，向接替人员详细介绍。对需要移交的遗留问题，应当写出书面材料。

第三十一条　交接完毕后，交接双方和监交人员要在移交注册上签名或者盖章。并应在移交注册上注明：单位名称，交接日期，交接双方和监交人员的职务、姓名，移交清册页数以及需要说明的问题和意见等。

移交清册一般应当填制一式三份，交接双方各执一份，存档一份。

第三十二条　接替人员应当继续使用移交的会计账簿，不得自行另立新账，以保持会计记录的连续性。

第三十三条　会计人员临时离职或者因病不能工作且需要接替或者代理的，会计机构负责人、会计主管人员或者单位领导人必须指定有关人员接替或者代理，并办理交接手续。

临时离职或者因病不能工作的会计人员恢复工作的，应当与接替或者代理人员办理交接手续。

移交人员因病或者其他特殊原因不能亲自办理移交的，经单位领导人批准，可由移交人员委托他人代办移交，但委托人应当承担本规范第三十五条规定的责任。

第三十四条　单位撤销时，必须留有必要的会计人员，会同有关人员办理清理工作，编制决算。未移交前，不得离职。接收单位和移交日期由主管部门确定。

单位合并、分立的，其会计工作交接手续比照上述有关规定办理。

第三十五条　移交人员对所移交的会计凭证、会计账簿、会计报表和其他有关资料的合法性、真实性承担法律责任。

第三章　会计核算

第一节　会计核算一般要求

第三十六条　各单位应当按照《中华人民共和国会计法》和国家统一会计制度的规定建立会计账册，进行会计核算，及时提供合法、真实、准确、完整的会计信息。

第三十七条　各单位发生的下列事项，应当及时办理会计手续、进行会计核算：

（一）款项和有价证券的收付；

（二）财物的收发、增减和使用；

（三）债权债务的发生和结算；

（四）资本、基金的增减；

（五）收入、支出、费用、成本的计算；

（六）财务成果的计算和处理；

（七）其他需要办理会计手续、进行会计核算的事项。

第三十八条　各单位的会计核算应当以实际发生的经济业务为依据，按照规定的会计处理方法进行，保证会计指标的口径一致、相互可比和会计处理方法的前后各期相一致。

第三十九条　会计年度自公历1月1日起至12月31日止。

第四十条　会计核算以人民币为记账本位币。

收支业务以外国货币为主的单位，也可以选定某种外国货币作为记账本位币，但是编制的会计报表应当折算为人民币反映。

境外单位向国内有关部门编报的会计报表，应当折算为人民币反映。

第四十一条　各单位根据国家统一会计制度的要求，在不影响会计核算要求、会计报表指标汇总和对外统一会计报表的前提下，可以根据实际情况自行设置和使用会计科目。

事业行政单位会计科目的设置和使用，应当符合国家统一事业行政单位会计制度的规定。

第四十二条　会计凭证、会计账簿、会计报表和其他会计资料的内容和要求必须符合国家统一会计制度的规定，不得伪造、变造会计凭证和会计账簿，不得设置账外账，不得报送虚假会计报表。

第四十三条　各单位对外报送的会计报表格式由财政部统一规定。

第四十四条　实行会计电算化的单位，对使用的会计软件及其生成的会计凭证、会计账簿、会计报表和其他会计资料的要求，应当符合财政部关于会计电算化的有关规定。

第四十五条　各单位的会计凭证、会计账簿、会计报表和其他会计资料，应当建立档案，妥善保管。会计档案建档要求、保管期限、销毁办法等依据《会计档案管理办法》的规定进行。

实行会计电算化的单位，有关电子数据、会计软件资料等应当作为会计档案进行管理。

第四十六条　会计记录的文字应当使用中文，少数民族自治地区可以同时使用少数民族文字。中国境内的外商投资企业、外国企业和其他外国经济组织也可以同时使用某种外国文字。

第二节　填制会计凭证

第四十七条　各单位办理本规范第三十七条规定的事项，必须取得或者填制原始凭证，并及时送交会计机构。

第四十八条　原始凭证的基本要求是：

（一）原始凭证的内容必须具备：凭证的名称；填制凭证的日期；填制凭证单位名称或者填制人姓名；经办人员的签名或者盖章；接受凭证单位名称；经济业务内容；数量、单价和金额。

（二）从外单位取得的原始凭证，必须盖有填制单位的公章；从个人取得的原始凭证，必须有填制人员的签名或者盖章。自制原始凭证必须有经办单位领导人或者其指定的人员签名或者盖章。对外开出的原始凭证，必须加盖本单位公章。

（三）凡填有大写和小写金额的原始凭证，大写与小写金额必须相符。购买实物的原始凭证，必须有验收证明。支付款项的原始凭证，必须有收款单位和收款人的收款证明。

（四）一式几联的原始凭证，应当注明各联的用途，只能以一联作为报销凭证。

一式几联的发票和收据，必须用双面复写纸（发票和收据本身具备复写纸功能的除外）套写，并连续编号。作废时应当加盖“作废”戳记，连同存根一起保存，不得撕毁。

（五）发生销货退回的，除填制退货发票外，还必须有退货验收证明；退款时，必须取得对方的收款收据或者汇款银行的凭证，不得以退货发票代替收据。

（六）职工公出借款凭据，必须附在记账凭证之后。收回借款时，应当另开收据或者退还借据副本，不得退还原借款收据。

（七）经上级有关部门批准的经济业务，应当将批准文件作为原始凭证附件。如果批准文件需要单独归档的，应当在凭证上注明批准机关名称、日期和文件字号。

第四十九条　原始凭证不得涂改、挖补。发现原始凭证有错误的，应当由开出单位重开或者更正，更正处应当加盖开出单位的公章。

第五十条　会计机构、会计人员要根据审核无误的原始凭证填制记账凭证。

记账凭证可以分为收款凭证、付款凭证和转账凭证，也可以使用通用记账凭证。

第五十一条　记账凭证的基本要求是：

（一）记账凭证的内容必须具备：填制凭证的日期；凭证编号；经济业务摘要；会计科目；金额；所附原始凭证张数；填制凭证人员、稽核人员、记账人员、会计机构负责人、会计主管人员签名或者盖章。收款和付款记账凭证还应当由出纳人员签名或者盖章。

以自制的原始凭证或者原始凭证汇总表代替记账凭证的，也必须具备记账凭证应有的项目。

（二）填制记账凭证时，应当对记账凭证进行连续编号。一笔经济业务需要填制两张以上记账凭证的，可以采用分数编号法编号。

（三）记账凭证可以根据每一张原始凭证填制，或者根据若干张同类原始凭证汇总填制，也可以根据原始凭证汇总表填制。但不得将不同内容和类别的原始凭证汇总填制在一张记账凭证上。

（四）除结账和更正错误的记账凭证可以不附原始凭证外，其他记账凭证必须附有原始凭证。如果一张原始凭证涉及几张记账凭证，可以把原始凭证附在一张主要的记账凭证后面，并在其他记账凭证上注明附有该原始凭证的记账凭证的编号或者附原始凭证复印机。

一张复始凭证所列支出需要几个单位共同负担的，应当将其他单位负担的部分，开给对方原始凭证分割单，进行结算。原始凭证分割单必须具备原始凭证的基本内容：凭证名称、填制凭证日期、填制凭证单位名称或者填制人姓名、经办人的签名或者盖章、接受凭证单位名称、经济业务内容、数量、单价、金额和费用分摊情况等。

（五）如果在填制记账凭证时发生错误，应当重新填制。

已经登记入账的记账凭证，在当年内发现填写错误时，可以用红字填写一张与原内容相同的记账凭证，在摘要栏注明“注销某月某日某号凭证”字样，同时再用蓝字重新填制一张正确的记账凭证，注明“订正某月某日某号凭证”字样。如果会计科目没有错误，只是金额错误，也可以将正确数字与错误数字之间的差额，另编一张调整的记账凭证，调增金额用蓝字，调减金额用红字。发现以前年度记账凭证有错误的，应当用蓝字填制一张更正的记账凭证。

（六）记账凭证填制完经济业务事项后，如有空行，应当自金额栏最后一笔金额数字下的空行处至合计数上的空行处划线注销。

第五十二条　填制会计凭证，字迹必须清晰、工整，并符合下列要求：

（一）阿拉伯数字应当一个一个地写，不得连笔写。阿拉伯金额数字前面应当书写货币币种符号或者货币名称简写和币种符号。币种符号与阿拉伯金额数字之间不得留有空白。凡阿拉伯数字前写有币种符号的，数字后面不再写货币单位。

（二）所有以元为单位（其他货币种类为货币基本单位，下同）的阿拉伯数字，除表示单价等情况外，一律填写到角分；无角分的，角位和分位可写“00”，或者符号“——”；有角无分的，分位应当写“0”，不得用符号“——”代替。

（三）汉字大写数字金额如零、壹、贰、叁、肆、伍、陆、柒、捌、玖、拾、佰、仟、万、亿等，一律用正楷或者行书体书写，不得用0、一、二、三、四、五、六、七、八、九、十等简化字代替，不得任意自造简化字。大写金额数字到元或者角为止的，在“元”或者“角”字之后应当写“整”字或者“正”字；大写金额数字有分的，分字后面不写“整”或者“正”字。

（四）大写金额数字前未印有货币名称的，应当加填货币名称，货币名称与金额数字之间不得留有空白。

（五）阿拉伯金额数字中间有“0”时，汉字大写金额要写“零”字；阿拉伯数字金额中间连续有几个“0”时，汉字大写金额中可以只写一个“零”字；阿拉伯金额数字元位是“0”，或者数字中间连续有几个“0”、元位也是“0”但角位不是“0”时，汉字大写金额可以只写一个“零”字，也可以不写“零”字。

第五十三条　实行会计电算化的单位，对于机制记账凭证，要认真审核，做到会计科目使用正确，数字准确无误。打印出的机制记账凭证要加盖制单人员、审核人员、记账人员及会计机构负责人、会计主管人员印章或者签字。

第五十四条　各单位会计凭证的传递程序应当科学、合理，具体办法由各单位根据会计业务需要自行规定。

第五十五条　会计机构、会计人员要妥善保管会计凭证。

（一）会计凭证应当及时传递，不得积压。

（二）会计凭证登记完毕后，应当按照分类和编号顺序保管，不得散乱丢失。

（三）记账凭证应当连同所附的原始凭证或者原始凭证汇总表，按照编号顺序，折叠整齐，按期装订成册，并加具封面，注明单位名称、年度、月份和起讫日期、凭证种类、起讫号码，由装订人在装订线封签外签名或者盖章。

对于数量过多的原始凭证，可以单独装订保管，在封面上注明记账凭证日期、编号、种类，同时在记账凭证上注明“附件另订”和原始凭证名称及编号。

各种经济合同、存出保证金收据以及涉外文件等重要原始凭证，应当另编目录，单独登记保管，并在有关的记账凭证和原始凭证上相互注明日期和编号。

（四）原始凭证不得外借，其他单位如因特殊原因需要使用原始凭证时，经本单位会计机构负责人、会计主管人员批准，可以复制。向外单位提供的原始凭证复制件，应当在专设的登记簿上登记，并由提供人员和收取人员共同签名或者盖章。

（五）从外单位取得的原始凭证如有遗失，应当取得原开出单位盖有公章的证明，并注明原来凭证的号码、金额和内容等，由经办单位会计机构负责人、会计主管人员和单位领导人批准后，才能代作原始凭证。如果确实无法取得证明的，如火车、轮船、飞机票等凭证，由当事人写出详细情况，由经办单位会计机构负责人、会计主管人员和单位领导人批准后，代作原始凭证。

第三节　登记会计账簿

第五十六条　各单位应当按照国家统一会计制度的规定和会计业务的需要设置会计账簿。会计账簿包括总账、明细账、日记账和其他辅助性账簿。

第五十七条　现金日记账和银行存款日记账必须采用订本式账簿。不得用银行对账单或者其他方法代替日记账。

第五十八条　实行会计电算化的单位，用计算机打印的会计账簿必须连续编号，经审核无误后装订成册，并由记账人员和会计机构负责人、会计主管人员签字或者盖章。

第五十九条　启用会计账簿时，应当在账簿封面上写明单位名称和账簿名称。在账簿扉页上应当附启用表，内容包括：启用日期、账簿页数、记账人员和会计机构负责人、会计主管人员姓名，并加盖名章和单位公章。记账人员或者会计机构负责人、会计主管人员调动工作时，应当注明交接日期、接办人员或者监交人员姓名，并由交接双方人员签名或者盖章。

启用订本式账簿，应当从第一页到最后一页顺序编定页数，不得跳页、缺号。使用活页式账页，应当按账户顺序编号，并须定期装订成册。装订后再按实际使用的账页顺序编定页码。另加目录，记明每个账户的名称和页次。

第六十条　会计人员应当根据审核无误的会计凭证登记会计账簿。登记账簿的基本要求是：

（一）登记会计账簿时，应当将会计凭证日期、编号、业务内容摘要、金额和其他有关资料逐项记入账内，做到数字准确、摘要清楚、登记及时、字迹工整。

（二）登记完毕后，要在记账凭证上签名或者盖章，并注明已经登账的符号，表示已经记账。

（三）账簿中书写的文字和数字上面要留有适当空格，不要写满格；一般应占格距的二分之一。

（四）登记账簿要用蓝黑墨水或者碳素墨水书写，不得使用圆珠笔（银行的复写账簿除外）或者铅笔书写。

（五）下列情况，可以用红色墨水记账：

1. 按照红字冲账的记账凭证，冲销错误记录；

2. 在不设借贷等栏的多栏式账页中，登记减少数；

3. 在三栏式账户的余额栏前，如未印明余额方向的，在余额栏内登记负数余额；

4. 根据国家统一会计制度的规定可以用红字登记的其他会计记录。

（六）各种账簿按页次顺序连续登记，不得跳行、隔页。如果发生跳行、隔页，应当将空行、空页划线注销，或者注明“此行空白”“此页空白”字样，并由记账人员签名或者盖章。

（七）凡需要结出余额的账户，结出余额后，应当在“借或贷”等栏内写明“借”或者“贷”等字样。没有余额的账户，应当在“借或贷”等栏内写“平”字，并在余额栏内用“Q”表示。

现金日记账和银行存款日记账必须逐日结出余额。

（八）每一账页登记完毕结转下页时，应当结出本页合计数及余额，写在本页最后一行和下页第一行有关栏内，并在摘要栏内注明“过次页”和“承前页”字样；也可以将本页合计数及金额只写在下页第一行有关栏内，并在摘要栏内注明“承前页”字样。

对需要结计本月发生额的账户，结计“过次页”的本页合计数应当为自本月初起至本页末止的发生额合计数；对需要结计本年累计发生额的账户，结计“过次页”的本页合计数应当为自年初起至本页末止的累计数；对既不需要结计本月发生额也不需要结计本年累计发生额的账户，可以只将每页末的余额结转次页。

第六十一条　账簿记录发生错误，不准涂改、挖补、刮擦或者用药水消除字迹，不准重新抄写，必须按照下列方法进行更正：

（一）登记账簿时发生错误，应当将错误的文字或者数字划红线注销，但必须使原有字迹仍可辨认；然后在划线上方填写正确的文字或者数字，并由记账人员在更正处盖章。对于错误的数字，应当全部划红线更正，不得只更正其中的错误数字。对于文字错误，可只划去错误的部分。

（二）由于记账凭证错误而使账簿记录发生错误，应当按更正的记账凭证登记账簿。

第六十二条　各单位应当定期对会计账簿记录的有关数字与库存实物、货币资金、有价证券、往来单位或者个人等进行相互核对，保证账证相符、账账相符、账实相符。对账工作每年至少进行一次。

（一）账证核对。核对会计账簿记录与原始凭证、记账凭证的时间、凭证字号、内容、金额是否一致，记账方向是否相符。

（二）账账核对。核对不同会计账簿之间的账簿记录是否相符，包括：总账有关账户的余额核对，总账与明细账核对，总账与日记账核对，会计部门的财产物资明细账与财产物资保管和使用部门的有关明细账核对等。

（三）账实核对。核对会计账簿记录与财产等实有数额是否相符。包括：现金日记账账面余额与现金实际库存数相核对；银行存款日记账账面余额定期与银行对账单相核对；各种财物明细账账面余额与财物实存数额相核对；各种应收、应付款明细账账面余额与有关债务、债权单位或者个人核对等。

第六十三条　各单位应当按照规定定期结账。

（一）结账前，必须将本期内所发生的各项经济业务全部登记入账。

（二）结账时，应当结出每个账户的期末余额。需要结出当月发生额的，应当在摘要栏内注明“本月合计”字样，并在下面通栏划单红线。需要结出本年累计发生额的，应当在摘要栏内注明“本年累计”字样，并在下面通栏划单红线；12 月末的“本年累计”就是全年累计发生额。全年累计发生额下面应当通栏划双红线。年度终了结账时，所有总账账户都应当结出全年发生额和年末余额。

（三）年度终了，要把各账户的余额结转到下一会计年度，并在摘要栏注明“结转下年”字样；在下一会计年度新建有关会计账簿的第一行余额栏内填写上年结转的余额，并在摘要栏注明“上年结转”字样。

第四节　编制财务报告

第六十四条　各单位必须按照国家统一会计制度的规定，定期编制财务报告。

财务报告包括会计报表及其说明。会计报表包括会计报表主表、会计报表附表、会计报表附注。

第六十五条　各单位对外报送的财务报告应当根据国家统一会计制度规定的格式和要求编制。

单位内部使用的财务报告，其格式和要求由各单位自行规定。

第六十六条　会计报表应当根据登记完整、核对无误的会计账簿记录和其他有关资料编制，做到数字真实、计算准确、内容完整、说明清楚。

任何人不得篡改或者授意、指使、强令他人篡改会计报表的有关数字。

第六十七条　会计报表之间、会计报表各项目之间，凡有对应关系的数字，应当相互一致。本期会计报表与上期会计报表之间有关的数字应当相互衔接。如果不同会计年度会计报表中各项目的内容和核算方法有变更的，应当在年度会计报表中加以说明。

第六十八条　各单位应当按照国家统一会计制度的规定认真编写会计报表附注及其说明，做到项目齐全，内容完整。

第六十九条　各单位应当按照国家规定的期限对外报送财务报告。

对外报送的财务报告，应当依次编写页码，加具封面，装订成册，加盖公章。封面上应当注明：单位名称，单位地址，财务报告所属年度、季度、月度，送出日期，并由单位领导人、总会计师、会计机构负责人、会计主管人员签名或者盖章。

单位领导人对财务报告的合法性、真实性负法律责任。

第七十条　根据法律和国家有关规定应当对财务报告进行审计的，财务报告编制单位应当先行委托注册会计师进行审计，并将注册会计师出具的审计报告随同财务报告按照规定的期限报送有关部门。

第七十一条　如果发现对外报送的财务报告有错误，应当及时办理更正手续。除更正本单位留存的财务报告外，并应同时通知接受财务报告的单位更正。错误较多的，应当重新编报。

第四章　会计监督

第七十二条　各单位的会计机构、会计人员对本单位的经济活动进行会计监督。

第七十三条　会计机构、会计人员进行会计监督的依据是：

（一）财经法律、法规、规章；

（二）会计法律、法规和国家统一会计制度；

（三）各省、自治区、直辖市财政厅（局）和国务院业务主管部门根据《中华人民共和国会计法》和国家统一会计制度制定的具体实施办法或者补充规定；

（四）各单位根据《中华人民共和国会计法》和国家统一会计制度制定的单位内部会计管理制度；

（五）各单位内部的预算、财务计划、经济计划、业务计划等。

第七十四条　会计机构、会计人员应当对原始凭证进行审核和监督。

对不真实、不合法的原始凭证，不予受理。对弄虚作假、严重违法的原始凭证，在不予受理的同时，应当予以扣留，并及时向单位领导人报告，请求查明原因，追究当事人的责任。

对记载不准确、不完整的原始凭证，予以退回，要求经办人员更正、补充。

第七十五条　会计机构、会计人员对伪造、变造、故意毁灭会计账簿或者账外设账行为，应当制止和纠正；制止和纠正无效的，应当向上级主管单位报告，请求作出处理。

第七十六条　会计机构、会计人员应当对实物、款项进行监督，督促建立并严格执行财产清查制度。发现账簿记录与实物、款项不符时，应当按照国家有关规定进行处理。超出会计机构、会计人员职权范围的，应当立即向本单位领导报告，请求查明原因，作出处理。

第七十七条　会计机构、会计人员对指使、强令编造、篡改财务报告行为，应当制止和纠正；制止和纠正无效的，应当向上级主管单位报告，请求处理。

第七十八条　会计机构、会计人员应当对财务收支进行监督。

（一）对审批手续不全的财务收支，应当退回，要求补充、更正。

（二）对违反规定不纳入单位统一会计核算的财务收支，应当制止和纠正。

（三）对违反国家统一的财政、财务、会计制度规定的财务收支，不予办理。

（四）对认为是违反国家统一的财政、财务、会计制度规定的财务收支，应当制止和纠正；制止和纠正无效的，应当向单位领导人提出书面意见请求处理。

单位领导人应当在接到书面意见起十日内作出书面决定，并对决定承担责任。

（五）对违反国家统一的财政、财务、会计制度规定的财务收支，不予制止和纠正，又不向单位领导人提出书面意见的，也应当承担责任。

（六）对严重违反国家利益和社会公众利益的财务收支，应当向主管单位或者财政、审计、税务机关报告。

第七十九条　会计机构、会计人员对违反单位内部会计管理制度的经济活动，应当制止和纠正；制止和纠正无效的，向单位领导人报告，请求处理。

第八十条　会计机构、会计人员应当对单位制定的预算、财务计划、经济计划、业务计划的执行情况进行监督。

第八十一条　各单位必须依照法律和国家有关规定接受财政、审计、税务等机关的监督，如实提供会计凭证、会计账簿、会计报表和其他会计资料以及有关情况、不得拒绝、隐匿、谎报。

第八十二条　按照法律规定应当委托注册会计师进行审计的单位，应当委托注册会计师进行审计，并配合注册会计师的工作，如实提供会计凭证、会计账簿、会计报表和其他会计资料以及有关情况，不得拒绝、隐匿、谎报，不得示意注册会计师出具不当的审计报告。

第五章　内部会计管理制度

第八十三条　各单位应当根据《中华人民共和国会计法》和国家统一会计制度的规定，结合单位类型和内容管理的需要，建立健全相应的内部会计管理制度。

第八十四条　各单位制定内部会计管理制度应当遵循下列原则：

（一）应当执行法律、法规和国家统一的财务会计制度。

（二）应当体现本单位的生产经营、业务管理的特点和要求。

（三）应当全面规范本单位的各项会计工作，建立健全会计基础，保证会计工作的有序进行。

（四）应当科学、合理，便于操作和执行。

（五）应当定期检查执行情况。

（六）应当根据管理需要和执行中的问题不断完善。

第八十五条　各单位应当建立内部会计管理体系。主要内容包括：单位领导人、总会计师对会计工作的领导职责；会计部门及其会计机构负责人、会计主管人员的职责、权限；会计部门与其他职能部门的关系；会计核算的组织形式等。

第八十六条　各单位应当建立会计人员岗位责任制度。主要内容包括：会计人员的工作岗位设置；各会计工作岗位的职责和标准；各会计工作岗位的人员和具体分工；会计工作岗位轮换办法；对各会计工作岗位的考核办法。

第八十七条　各单位应当建立账务处理程序制度。主要内容包括：会计科目及其明细科目的设置和使用；会计凭证的格式、审核要求和传递程序；会计核算方法；会计账簿的设置；编制会计报表的种类和要求；单位会计指标体系。

第八十八条　各单位应当建立内部牵制制度。主要内容包括：内部牵制制度的原则；组织分工；出纳岗位的职责和限制条件；有关岗位的职责和权限。

第八十九条　各单位应当建立稽核制度。主要内容包括：稽核工作的组织形式和具体分工；稽核工作的职责、权限；审核会计凭证和复核会计账簿、会计报表的方法。

第九十条　各单位应当建立原始记录管理制度。主要内容包括：原始记录的内容和填制方法；原始记录的格式；原始记录的审核；原始记录填制人的责任；原始记录签署、传递、汇集要求。

第九十一条　各单位应当建立定额管理制度。主要内容包括：定额管理的范围；制定和修订定额的依据、程序和方法；定额的执行；定额考核和奖惩办法等。

第九十二条　各单位应当建立计量验收制度。主要内容包括：计量检测手段和方法；计量验收管理的要求；计量验收人员的责任和奖惩办法。

第九十三条　各单位应当建立财产清查制度。主要内容包括：财产清查的范围；财产清查的组织；财产清查的期限和方法；对财产清查中发现问题的处理办法；对财产管理人员的奖惩办法。

第九十四条　各单位应当建立财务收支审批制度。主要内容包括：财务收支审批人员和审批权限；财务收支审批程序；财务收支审批人员的责任。

第九十五条　实行成本核算的单位应当建立成本核算制度。主要内容包括：成本核算的对象；成本核算的方法和程序；成本分析等。

第九十六条　各单位应当建立财务会计分析制度。主要内容包括：财务会计分析的主要内容；财务会计分析的基本要求和组织程序；财务会计分析的具体方法；财务会计分析报告的编写要求等。

第六章　附　则

第九十七条　本规范所称国家统一会计制度，是指由财政部制定、或者财政部与国务院有关部门联合制定、或者经财政部审核批准的在全国范围内统一执行的会计规章、准则、办法等规范性文件。

本规范所称会计主管人员，是指不设置会计机构、只在其他机构中设置专职会计人员的单位行使会计机构负责人职权的人员。

本规范第三章第二节和第三节关于填制会计凭证、登记会计账簿的规定，除特别指出外，一般适用于手工记账。实行会计电算化的单位，填制会计凭证和登记会计账簿的有关要求，应当符合财政部关于会计电算化的有关规定。

第九十八条　各省、自治区、直辖市财政厅（局）、国务院各业务主管部门可以根据本规范的原则，结合本地区、本部门的具体情况，制定具体实施办法，报财政部备案。

第九十九条　本规范由财政部负责解释、修改。

第一百条　本规范自公布之日起实施。1984 年 4 月 24 日财政部发布的《会计人员工作规则》同时废止。